AF343577

G. DE MONTGESTY

TÉMOIN DU CHRIST

LE BIENHEUREUX

JEAN-GABRIEL

PERBOYRE

(1802-1840)

PARIS

P. LETHIELLEUX, Libraire-Éditeur

10, RUE CASSETTE, 10

LE BIENHEUREUX

JEAN-GABRIEL

PERBOYRE

Imprimatur

Parisiis, die 27 Maii 1905.

P. FAGES, vic. gén.

G. DE MONTGESTY

TÉMOIN DU CHRIST

LE BIENHEUREUX

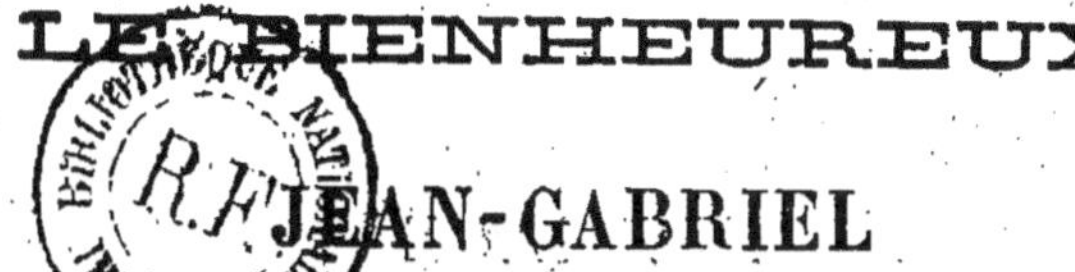

JEAN-GABRIEL

PERBOYRE

(1802-1840)

PARIS (VIᵉ)

P. LETHIELLEUX, LIBRAIRE-ÉDITEUR

10, RUE CASSETTE, 10

LETTRE DE MONSEIGNEUR REYNAUD

A L'AUTEUR

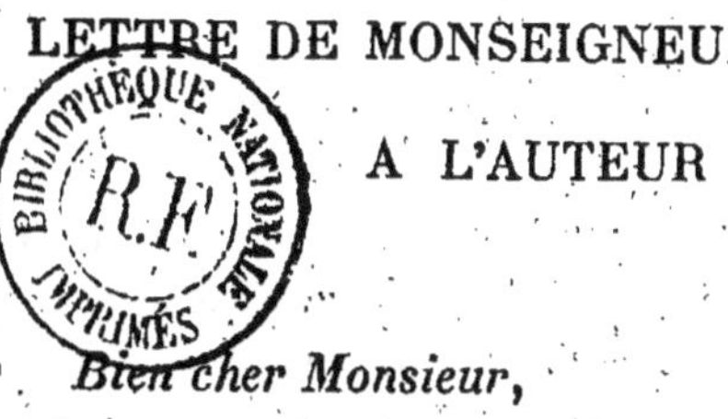

Bien cher Monsieur,

Je viens de lire les pages si émouvantes que vous consacrez à la mémoire d'un glorieux martyr. Votre « Témoin du Christ » est une lecture qui captive et fait du bien.

D'autres, sans doute, vous adresseront des félicitations bien légitimes pour ce premier-né de votre plume sympathique. Ils ne manqueront pas de louer la trame si ingénieuse du récit, le choix des titres palpitants, l'entrain du style et ces réflexions spontanées qui jaillissent des faits pour édifier sans fatigue, telles ces petites fleurs délicieuses qui embaument les bords du chemin sans arrêter les pas du voyageur.

Tous ces détails ne sont pas sans importance, car vous avez écrit pour faire du bien, et pour faire du bien il faut être lu ; or, pour être lu, le grand secret n'est-ce pas d'intéresser ? Grâce à votre méthode, la vie admirable du Bienheureux Jean Gabriel Perboyre sera connue, deviendra populaire ; elle charmera le lecteur tout en lui donnant des leçons précieuses.

On se plaint de l'abaissement des caractères. Mais d'où vient le mal, sinon de ce que la famille n'est plus ce moule chrétien qui doit les façonner et préparer les âmes aux grandes luttes de la vie ? Le remède, c'est un foyer domestique comme celui où vous montrez le berceau d'un futur martyr entouré d'une atmosphère de foi, de piété et de bons exemples. Si les parents savent le comprendre, ils veilleront, anges gardiens fidèles, sur l'âme de leurs enfants ; et nous aurons encore des hommes forts, des chrétiens sans peur et sans reproche, de ces vaillants qui préfèrent la mort à l'apostasie : « Potiùs mori quam fœdari ».

Mais la grande plaie de l'époque n'est-ce pas surtout la recherche effrénée du bien-être, la soif insatiable des jouissances ? Pour guérir cette fièvre qui dévore tout, la voix des prédicateurs est devenue impuissante, il faut la parole des faits qui impressionnent et celle des exemples qui entraînent. Or, ce jeune missionnaire qui a soif du martyre, qui va le chercher au delà des mers, dans des prisons cruelles, sur un gibet infâme, au milieu de tortures qui font frémir notre faiblesse, n'est-ce pas une voix puissante pour nous crier avec toute la force de l'exemple : « Sursum corda ! » le ciel souffre violence et seuls les violents, c'est-à-dire les généreux, peuvent le ravir ?

Et que d'autres impressions salutaires recueilleront, presque à leur insu, les âmes qui auront la bonne chance de parcourir ces lignes où, pour elles, vous avez si bien mêlé l'utile à l'agréable. Ces fruits, je le sais, sont l'unique ambition de votre zèle. Puissent-ils être aussi doux, aussi abondants que je le désire et que vous le méritez !

Mais pour ma part, bien cher Monsieur, je tiens surtout à vous remercier au nom des missionnaires de Chine, de cette vie admirable qui leur montre un modèle si accompli et un protecteur si puissant. A la vue de ces beaux exemples, de ce cœur généreux, de cette âme si grande et si belle, nous comprendrons encore mieux que, si nous avons traversé les mers après lui, pour le remplacer à ce poste d'honneur où il est tombé en victime héroïque, nous devons surtout être les héritiers de son zèle, imiter son courage dans la —

souffrance, savoir vivre et mourir pour la cause de Dieu, heureux de marcher sur les traces d'un héros qui fut notre frère. Nous ne l'ignorons pas, il faut du sang pour racheter les âmes ; et, c'est élevé sur la croix, entre le ciel et la terre, comme un médiateur, comme une victime, qu'on les attire et qu'on les sauve. Pour nous encourager à cette vie d'immolation, le « Témoin du Christ » sera notre second crucifix.

Aussi, en face de ce martyr généreux qui soupire après la croix et qui meurt entre ses bras, comment hésiter devant les sacrifices dont les âmes ont besoin et que Dieu nous demande ? Les larmes, les sueurs, le sang des missionnaires ne seraient-ils pas ici, comme ailleurs, la rosée nécessaire, la semence féconde qui fait germer des chrétiens ? Non, mille fois non, car partout le sol se couvre d'abondantes moissons et jamais nos mains n'ont recueilli des gerbes plus nombreuses et plus riches. En dix ans, nous allons doubler les résultats de trois siècles.

Ce n'est donc pas en vain que nos vaillants aînés ont gémi et souffert, et ce n'est pas en vain non plus que nous les suivons sur cette voie douloureuse où ils ont laissé des traces de sang. En partageant leurs épreuves nous participerons à leur fécondité.

Cet engagement à souffrir pour gagner des âmes se dégage tout particulièrement comme une leçon claire et saisissante de la vie entière et surtout de la passion douloureuse de notre généreux « Témoin du Christ ». C'est un modèle qui vient diriger nos pas et animer nos cœurs dans les sentiers parfois un peu ardus de l'apostolat.

Jean-Gabriel sera aussi un protecteur dans ces luttes pénibles où notre faiblesse pourrait succomber. En même temps, cette Chine qu'il a tant aimée, où il a souffert, où il a triomphé, bien loin de l'abandonner comme une terre maudite, il lui attirera des sympathies précieuses, des secours nécessaires et toute une légion de missionnaires. Non, cette grande figure d'apôtre et de martyr ne sera pas *muette pour les lecteurs du « Témoin du Christ ». Elle parlera surtout à ces lévites généreux, âmes d'élite qui n'attendent qu'un signal pour s'enrôler à la suite du Maître ; ils viendront, nouveaux frères d'armes, partager nos combats et nos victoires. Leur départ, qui fera verser des larmes, sera cependant une bénédiction pour leur famille, une protection pour leur pays. Jamais le bon Dieu ne permettra que la France perde la foi, tant qu'elle aura des enfants assez généreux pour la porter au dehors.*

Cette douce récompense de vos efforts, je la souhaite pleine et entière à votre cœur de chrétien et de français.

Veuillez agréer, bien cher Monsieur, avec mes félicitations réitérées et mes remerciements sincères, l'expression de mes sentiments affectueux et tout dévoués en N. S.

† P. M. Reynaud C. M.

Évêque de Fussulan,

Vicaire apostolique du Tché-Kiang.

Rome 11 septembre,

65ᵉ Anniversaire du Martyre du Bienheureux Jean-Gabriel.

INTRODUCTION

« *Partout où passent les Saints, Dieu passe avec eux* ».

(Curé d'Ars).

Le touriste qui visite les merveilles de la capitale de notre belle France, s'arrête saisi d'admiration, devant un monument célèbre élevé sur les rives de la Seine. Dû à la munificence du Grand Roi, cet *Hôtel des Invalides* était destiné à recueillir les glorieuses épaves de nos armées, les mutilés du devoir, reliques sacrées de la patrie. Au centre de ces constructions d'un air de grandeur austère, se dresse une coupole majestueuse dans la richesse incomparable de sa décoration et la hardiesse de son architecture.

C'est là, sous ce dôme étincelant d'or, que repose celui qui présida si longtemps aux destinées de notre pays ; c'est là que sont déposés dans un sarcophage de porphyre les restes mortels de ce conquérant dont la gloire éclipsée à *Waterloo*, est allée se briser sur les rochers de *Sainte-Hélène,* de ce guerrier qui fit couler tant de sang et pleurer tant de mères.

Rien d'imposant comme le spectacle de ces trophées

troués par les balles ennemies, de ces butins de victoire pris sur les champs du carnage. Cependant,
malgré toute la pompe extérieure dont la reconnaissance de nos contemporains s'est plu à entourer la
mémoire du Grand Empereur, on n'éprouve *devant ce
tombeau* qu'une impression de pénible tristesse, incapable de susciter d'autres émotions que celle de la
vanité des grandeurs humaines. Et, volontiers, l'on
s'écrie : de ce cœur glacé par la mort, la France a
bien senti les battements, NAPOLÉON put bien être un
héros dont les victoires ont provoqué l'admiration des
peuples ! Mais où sont les âmes qu'il a conquises au
ciel ?

Non loin de ce temple profane, Panthéon de nos
gloires nationales, la foi du chrétien découvre avec
une sainte allégresse un *Sanctuaire*[1], bien modeste en
apparence, où tout élève et ravit l'âme, où tout remue
profondément les cœurs, car tout y parle du ciel ; et
la lampe mystérieuse du tabernacle avertit le pèlerin
de la présence du ROI JÉSUS, qui préside avec tant
d'éclat aux destinées de l'univers.

Deux cordons de lumières étincelantes font naturellement évoquer le souvenir de cet homme de génie,
plus grand mille fois que NAPOLÉON le Grand, de ce
démocrate des Landes dont la mission toute de charité fut consacrée au soulagement des misères humaines, de ce *Saint*, messager de la Providence pour
consoler la douleur des mères, sourire à l'enfance

---

1. Chapelle des Prêtres de la Mission de Saint Vincent de Paul,
95, rue de Sèvres.

abandonnée, étancher sur les champs de bataille de la Lorraine, de la Picardie, de la Champagne, le sang de nos soldats et relever ainsi tant de ruines religieuses et morales, amoncelées par les guerres lamentables du xviie siècle.

Les restes glorieux de Vincent de Paul [1] reposent là, au-dessus du maître autel, dans une châsse d'argent, vrai bijou d'orfèvrerie, don précieux du diocèse de Paris [2] au père des pauvres, au bienfaiteur incomparable de l'humanité ; et, ce sont les sentiments de la vénération la plus profonde qu'éveille dans toute âme recueillie devant ce saint tombeau, la mémoire de celui dont les vertus admirables devaient susciter de si généreux dévouements à travers les siècles.

Au bas de la nef latérale, le visiteur aperçoit un gracieux *oratoire* où brille nuit et jour un riche luminaire, symbole des splendeurs du paradis. Les murs en sont tapissés d'ex-voto, témoignages non équivoques d'une confiance populaire. On éprouve aussitôt l'impression qu'il se passe là quelque chose qui tient du surnaturel ; sur le marbre sont inscrites en lettres d'or des grâces de choix, des faveurs multiples, guérisons extraordinaires ou conversions inespérées, dues bien certainement à l'intercession puissante de quelque « *Favori du ciel* ».

Là aussi des trophées de victoire, et quels trophées ! Là de touchants emblèmes, des souvenirs offerts en

---

1. Vincent de Paul né le 24 avril 1576 au hameau de Ranquines (Landes), mort à Saint-Lazare-lès-Paris, le 27 septembre 1660.
2. Grâce au zèle de Mgr de Quélen, archev. de Paris.

actions de grâces, des couronnes symboliques, des croix détachées de leur poitrine par de valeureux soldats pour en faire hommage à un conquérant plus digne qu'eux de cet honneur ! Oh ! quelle douce vision ! Quel est ce centre de pèlerinage ? Demandez-le aux mères de famille, à la jeunesse de Paris ; interrogez ces jeunes personnes dont le *Martyr chinois* est devenu le protecteur, ces âmes terrassées par le découragement et qui, après une prière fervente, se sont ouvertes à l'espérance.

Le nom de ce jeune *thaumaturge* est sur toutes les lèvres ; on l'acclame dans l'univers entier. Saluons avec amour, dans cette pieuse chapelle des Prêtres de la Mission, un fils de VINCENT DE PAUL, héritier de ses vertus, un saint de race, *témoin du Christ*, une des gloires les plus pures de cette famille religieuse.

L'image vénérée de ce *Martyr* de la Chine domine l'autel où l'a placé Sa Sainteté LÉON XIII. Pour faire revivre devant nos yeux le drame sanglant de *Ou-Tchang-Fou,* l'artiste le représente attaché sur une croix comme son divin maître dans la noble attitude de l'immolation. A ses pieds, se lit en caractères chinois la sentence du tribunal qui le condamne à mort. En face de cette statue qui surprend par un certain réalisme, inconnu jusqu'ici dans l'iconographie chrétienne, se dresse celle de son compagnon d'apostolat, inscrit comme lui dans le catalogue des bienheureux[1].

---

(1) François-Régis CLET, né le 19 août 1748 à Grenoble (Isère). Martyrisé en Chine le 17 février 1820. — Béatifié par S. Léon XIII, le 17 mai 1900.

C'est pour ce saint de haute taille, c'est pour ce martyr aux puissantes énergies que je demande une place de choix dans cette nouvelle *galerie religieuse*. Il n'est point téméraire d'affirmer ses droits à une telle faveur. Il y sera chez lui ; il y trouvera des devanciers ses modèles, des contemporains ses émules, des privilégiés comme lui, les VIANNEY [1] et les CHANEL [2], les BENOIT LABRE [3] et les CLET, les P. CLAVER [4] et les DE LA SALLE [5], les PIERRE FOURIER [6] et tant de glorieux frères d'armes, auxquels il ne le cède, ni par l'innocence de sa vie, ni par les travaux de son apos-

---

1. VIANNEY (J. B. Marie). Né à Dardilly, au dioc. de Lyon, le 8 Mai 1786. † Mai 1859. Curé d'Ars au diocèse de Belley.
Béatifié par Sa S. Pie X, le 6 janv. 1905.

2. CHANEL (Marie), né au hameau de la Potière 1803, 12 juillet, au dioc. de Lyon. Décapité à Futuna (Polynésie), en 1841. Béatifié par Sa S. Léon XIII, Novembre 1889.
Il appartenait à la Société des prêtres dits Maristes.

3. LABRE (Benoît-Joseph). Né le 26 Mars 1748 à Amettes, prov. d'Artois, au diocèse d'Arras.
Mort à 35 ans, le Jeudi Saint 1783, à Rome.
Béatifié par Sa S. Pie IX, au jour de l'Ascension 1859.
Canonisé par Sa S. Léon XIII, le 8 Décembre 1881.

4. CLAVER (Pierre). Apôtre des Nègres. Né à Verdu, en Catalogne.
Mort le 8 Septembre 1654, à Carthagène. Vénérable, en 1747, sous le pontificat de Benoit XIV. Bienheureux, le 21 Septembre 1851, sous le pontificat de Pie IX.

5. DE LA SALLE (Jean-Baptiste). Fondateur des Frères des Ecoles Chrétiennes, né le 30 avril 1651, à Reims. Mort à Rouen, le 7 avril 1719. Déclaré Vénérable, le 8 Mai 1840, par Grégoire XVI. Béatifié, le 19 février 1888, par Léon XIII. Canonisé en 1900, par Léon XIII.

6. FOURIER (Pierre), né le 30 Novembre 1565 à Mirecourt (Vosges). Mort curé de Mattaincourt à 75 ans, le 9 Décembre 1640. Béatifié par Sa S. Benoit XIII, en 1730. Canonisé par Sa S. Léon XIII, 27 Mai 1897, Chanoine rég. de S. Aug. Fondateur des Religieuses de Notre Dame.

tolat, ni par l'héroïsme des plus crucifiantes vertus.

Et s'il m'est donné d'analyser cette âme de héros, de vous en révéler les sublimes merveilles, j'aurai largement contribué, en vous le faisant aimer, à modifier l'orientation de votre vie. Vous passerez de douces heures en la compagnie d'un *vrai saint*, d'un saint aimable malgré ses austérités, en la société d'un ami et disciple de Jésus.

Et, dans ce doux commerce de pensées et d'affection, vos cœurs peut-être égoïstes et sensuels se dilateront, comme le voyageur qui gravit les cimes escarpées de nos montagnes se sent renaître sous la puissante action des effluves printaniers.

De pâtre du *Quercy*, JEAN-GABRIEL PERBOYRE est devenu le *saint chinois* dont toutes les générations béniront la mémoire. Il a échangé sa modeste houlette pour la palme d'un martyr. Sous la pierre de l'autel qui lui est consacré, deux palmes d'or gracieusement entrelacées dans une couronne de triomphateur recouvrent ses restes précieux, objet de la vénération des fidèles.

Enfin, pour dissiper les dernières illusions dont certaines âmes pusillanimes pourraient encore être le jouet, pour secouer notre torpeur, jetons un coup d'œil rapide sur les instruments de son supplice. Ce spectacle, de nature à électriser les moins vaillants dans l'armée du devoir, vous découvrira toute la beauté de cette âme magnanime ; vous la connaîtrez ainsi déjà mieux qu'aucun biographe ne saurait y réussir, avant qu'il ne vous soit donné d'admirer dans ces pages vivantes les voies par lesquelles la divine Providence prépare son élu à devenir le *témoin du Christ.*

Ne se croirait-on pas transporté au temps des plus sanglantes persécutions, aux âges les plus héroïques, de nos annales religieuses ? Vous qui reculez devant un léger sacrifice, et suivez JÉSUS de si loin dans la voie du devoir et du renoncement évangélique, laissez expirer sur vos lèvres l'humiliant aveu de votre lâcheté au souvenir de cette passion si terrible dont les prisons chinoises furent le théâtre. Considérez ces cordes qui ont ensanglanté sa chair virginale, ces chaînes dont il sentit le poids accablant, et ce bambou dont le bourreau fit usage pour exécuter les ordres barbares émanés des tribunaux de l'empire. Oui, regardez tout cet appareil de mort qui devait procurer à ce serviteur de Dieu l'entrée dans la vie glorieuse, fruit de ses souffrances et de ses travaux, terme suprême de ses aspiratiohs chrétiennes.

Mon Dieu ! quelle énergique figure de martyr est encadrée sous l'auréole de cet ange du *Quercy !* Et de quelles actions de grâces ne sommes-nous pas redevables au Ciel pour avoir suscité à son église, dans des temps si troublés, ce *témoin* incomparable dont le sang versé crie si éloquemment : pitié ! et proclame avec tant d'héroïsme les miséricordes divines.

Et, si tout chrétien doit être le témoin de Dieu, de son existence, de son amour, de ses miraculeuses interventions dans l'histoire de l'humanité (même l'apostat par ses souffrances, ses regrets et ses larmes), combien plus les saints ! Ils sont, selon le mot de saint PAUL « l'*épître vivante de Jésus-Christ* », le chef-d'œuvre qui raconte sa gloire d'une voix plus éloquente que les astres du firmament ; et, en faisant passer devant vous la belle figure de ce fils de VIN-CENT DE PAUL, vous constaterez vous-même que trois fois il a été le témoin de Dieu. Il lui a donné le *témoignage d'une belle âme*, le *témoignage d'une belle vie*, le *témoignage d'une belle mort*.

Quand on referme le *livre de ses actes*, c'est la triple impression qui reste dans l'esprit, le triple aspect sous lequel le Bienheureux JEAN-GABRIEL PERBOYRE se fixe dans les regards et demeure à la pensée : puissiez-vous ne pas contempler ces tableaux sans en devenir meilleurs, sans en avoir au moins le désir et la ferme résolution !

LIVRE PREMIER

TÉMOIN DU CHRIST

PREMIÈRE PARTIE
TÉMOIGNAGE D'UNE BELLE AME

CHAPITRE PREMIER

AUTOUR D'UN BERCEAU

6 janvier 1802-1807.

> « *Pourquoi hésiterais-je à faire à Dieu le*
> « *sacrifice de mon fils ? La Sainte Vierge*
> « *n'a-t-elle pas généreusement sacrifié le sien*
> « *pour mon salut ? Je ne croirais pas aimer*
> « *véritablement mon fils, si je m'affligeais,*
> « *sachant qu'il est maintenant au comble de*
> « *ses vœux* ».
> (Paroles de la mère de JEAN-GABRIEL).

La fin du xviii° siècle fut témoin de bouleverse-
ments dont notre France sent plus que jamais le
puissant contre-coup. Au vent de la révolution triomphante nos institutions séculaires avaient été em-
portées, la tête d'un pieux monarque avait roulé sur
l'échafaud et les trônes de la vieille Europe chance-
laient sur leurs bases. Tout un peuple s'était levé, mû
par une de ces forces irrésistibles et mystérieuses que
Dieu met en mouvement lorsqu'il veut châtier un
monde et donner des leçons à ceux qui le gouvernent.

L'aurore du xixe siècle n'éclaira pas une scène moins terrible. Coalisées contre notre malheureux pays, l'Angleterre d'un côté, les puissances continentales de l'autre, menaçaient notre indépendance ; la guerre était partout. Partout conduits par un homme dans lequel on eût dit que s'incarnait le génie des batailles, nous la soutenions avec bravoure, mais avec des alternatives de succès prodigieux et de revers sans précédents. Déjà, le soleil d'Austerlitz brillait à l'horizon ; c'était l'heure où nos annales nationales allaient inscrire en lettres d'or les noms de *Marengo*, d'*Iéna*, d'*Eylau*, de *Friedland* et de *Wagram*, triomphes suprêmes de l'Empereur dont l'étoile allait s'éclipser.

C'était l'heure aussi où le ciel se préparait à donner à la terre le BIENHEUREUX dont nous relatons la vie. Jamais cadre plus grandiose n'entoura figure plus humble, et jamais existence plus tranquille ne commença en des temps plus troublés. Le contraste est frappant ; on ne s'attend pas en effet à rencontrer dans cette vie des situations extraordinaires qui émeuvent ou des incidents qui passionnent. Elle s'est écoulée paisible sous le regard de Dieu, obscure mais féconde : c'est la source cachée sous terre, qui répand bientôt là fertilité dans les prairies ; et le grand fait qui la caractérise est le drame par lequel le ciel la couronne.

Par une fraîche brise du Nord, un modeste cortège défile sur la route de *Montgesty* [1]. Au hameau voisin du *Puech* [2], la pieuse mère qui vient de sourire sur ce premier berceau, se réjouit à la pensée d'embrasser l'ange que les membres de la famille PERBOYRE rapportent avec une sainte fierté des fonts du baptême.

---

1. Paroisse de la famille PERBOYRE. — V. l'Appendice.
2. Hameau où naquit JEAN-GABRIEL, 6 janvier 1802.

C'est fête au foyer conjugal : elle fera époque, cette journée mémorable qui marque la consécration de cet élu et le place au rang de ceux « *que Dieu connaît et* « *prédestine à devenir l'image de son divin fils* ».[1]

Le manteau de neige qui recouvre les vignobles de ce riant coteau offre un gracieux décor pour la circonstance ; comment ne point voir là l'image de ce vêtement d'innocence dont cette âme encore si tendre vient d'être revêtue ? C'est un concours accentué d'heureux présages. Le moment venu de lui imposer un nom, le père a vivement répondu à la question du pasteur : il s'appellera Jean-Gabriel. On était au 6 janvier ; ce jour-là, l'église célèbre avec les rois mages de l'Orient, l'appel des gentils à la connaissance du Sauveur, comme si, dans cette coïncidence, il fallût voir un indice de la vocation future de notre saint. Les noms choisis par ses parents sembleraient l'autoriser : Gabriel, l'ange de l'incarnation, le porteur de la bonne nouvelle à l'humanité déchue ; Jean-Baptiste, le précurseur du Christ, le révélateur aux juifs du Sauveur des hommes. Dieu pouvait-il remettre à de meilleurs patrons le soin de préparer cette chère âme à devenir le *témoin du Christ* ? Comme Jean, il se préparera dans le recueillement de la retraite à son ministère apostolique ; comme Gabriel, pénétré de cette force secrète dont le ciel le favorisera dans ses communications intimes, il deviendra l'ambassadeur du Très-Haut ; et déjà, la Chine infidèle tressaille d'une sainte allégresse à l'apparition de ce nouveau sauveur qui lui est né. Oui, sonnez, joyeux carillon de *Montgesty*. Alleluia ! Réjouis-toi, antique église de *Cahors*. Alleluia ! c'est un frère des anges qui fait sur terre son apparition. N'entendez-vous pas le fré-

---

1. Rom. viii. 29.

missement de leurs ailés autour de ce berceau où ils
entonnent leurs plus suaves mélodies, pour saluer
dignement cet enfant qui fera rejaillir sur le monde
catholique un rayon de gloire immortelle ? Pénétrons,
si vous le voulez, au sein de ce foyer domestique.
Dieu y tient la place d'honneur et le nouveau-né y
grandira dans cette chaude atmosphère de foi chrétienne, sous le regard vigilant d'une âme d'élite qu'il
ne tardera pas à reconnaître par un sourire et qu'il
sera heureux de nommer « sa mère ». Comment s'é-
tonner alors que dans une telle ambiance et avec les
exemples reçus dans le sanctuaire de cette famille
privilégiée, JEAN-GABRIEL ait senti bientôt se développer dans son âme les qualités natives ?.

Nous ne le perdons pas de vue en essayant d'es-
quisser ici le portrait de Marie RIGAL. De quelle sollicitude cette chrétienne des âges de foi n'entoure-
t-elle point les premiers pas de celui dont elle devient
la gardienne ! et quel riche patrimoine qu'un tel trésor de vertus ! Comme elle semble fière de voir s'ac-
croître sa petite famille : « *Matrem filiorum lætan-
tem* »[1]. Huit enfants seront le fruit de son union avec
Pierre PERBOYRE : deux restent dans le monde ; deux
jeunes filles en sortiront pour se consacrer à Dieu,
dans la compagnie des *Filles de la Charité de S. Vincent de Paul* : l'une sera appelée à faire partie, malgré
sa jeunesse, du premier établissement fondé en Chine
en 1848 ; l'autre mourra à la maison centrale de
Naples, après avoir eu le rare privilège d'assister à la
béatification de son frère. Trois seront prêtres dans
la congrégation de la Mission : LOUIS, qui meurt en
mer tandis qu'il fait voile vers la Chine idolâtre ;
JEAN-GABRIEL, le héros de cette biographie et JACQUES,

---

1. Voir l'Arbre généalogique à l'appendice.

le survivant, qui embaumera St-Lazare du parfum
de ses vertus et qui nous permet de pénétrer le mystère de sa vie cachée à la Mission dans cette note intime où il traduit sa reconnaissance envers le ciel :
« Pourquoi cette position heureuse et que tout le
« monde t'envie? Pourquoi es-tu dans cette maison et
« le Bon Dieu t'y laisse-t-il dans des circonstances
« qui ne peuvent être plus heureuses, dans lesquelles
« la Congrégation reprend son premier état et son
« esprit primitif, alors que tant d'autres mission-
« naires, au début de ce siècle, ont été privés de ces
« consolations? » On dirait des émules généreux dans
la sainte milice des prédestinés. Aussi quel ravissant spectacle ! et l'éloge touchant du Psalmiste ne
trouve-t-il pas ici son application : « *Filii tui sicut*
« *novellæ olivarum in circuitu mensæ tuæ* » [1].

Comme ils grandissent tous pieusement, ces enfants
de bénédiction, dans cette demeure patriarcale, vraie
pépinière de saints ! L'antique madone de Roc-Amadour [2] préside à leurs ébats, bénit leurs résolutions

---

1. Ps. cxxvii. 3.

2. *Le Sanctuaire de Roc-Amadour* remonte aux temps apostoliques. D'après une tradition constante, il fut fondé par Zachée, le
publicain converti de l'Evangile. Après la mort du Sauveur et de sa
sainte Mère, Zachée, venu dans les Gaules, se retira dans cette solitude du Quercy qu'on appelait le Val-Ténébreux et qu'on a dési-
gnée depuis sous le nom de Roc-Amadour, nom que les sauvages
habitants du pays avaient donné au pieux ermite : *Amator Rupis*,
amateur du rocher.

La chapelle miraculeuse. — L'oratoire primitif de Zachée ayant été
écrasé par la chute d'un rocher, la chapelle actuelle de Notre-Dame
fut élevée en 1479 sur l'emplacement de l'ancienne. Au seizième
siècle, les Huguenots la pillèrent et la démolirent en partie. La
sainte Chapelle, restaurée au dix-septième siècle par les Chanoines
de Roc-Amadour, a été agrandie et embellie par Mgr Bardou, ancien
évêque de Cahors, restaurée et enrichie par Mgr Grimardias, son
successeur.

La statue de Notre-Dame. — C'est la plus ancienne des statues de
la sainte Vierge. Elle est taillée grossièrement dans un tronc

naissantes, tandis que le chef de cette petite ferme
modèle se livre avec une ardeur inlassable aux travaux
des champs pour subvenir à la subsistance de ses
chers apprentis du ciel.

On devine aisément le thème des colloques journaliers de la mère, devant le petit autel du foyer auquel
les fleurs de la prairie donnaient un délicieux cachet
de poésie et de fraîcheur. Là, comme à Nazareth, on
priait, on travaillait, on souffrait ; et, chacun se plaît
à penser que plus d'une fois Marie RIGAL dut tenir à
ses enfants le mâle langage de Blanche de Castille à
son fils S. Louis : « *Dieu sait si je vous aime ; mais je*
« *préférerais vous voir mourir sous mes yeux que de-*
« *venir coupable d'un seul péché mortel* ».

Aussi lorsqu'en 1840 un ami de la famille [1] acceptera
la pénible mission de se rendre au *Puech* pour faire
à ses parents le récit douloureux des souffrances « *de*
son pauvre chinois », elle répondra d'un ton de voix
énergique qui révèle la vivacité de sa foi : « *Que fe-*
« *rais-je en me lamentant ? J'offenserais Dieu peut-être*
« *et je l'attristerais de ce qui était l'objet des désirs les*
« *plus ardents de mon fils ; car ses lettres depuis*
« *qu'il est en Chine nous ont exprimé d'une manière*
« *bien vive combien il désirait le martyre* ».

Puis refoulant sa douleur au fond du cœur, elle ne
sait comment traduire un bonheur dont elle se croit
indigne : « *Si quelque chose devait me faire de la peine*

---

d'arbre. La Vierge est assise et tient l'Enfant-Jésus sur ses genoux.
La statue entière a été recouverte jadis d'une mince feuille d'argent que l'action du temps ou du feu a noircie. C'est de là qu'elle
est appelée : la Vierge Noire Miraculeuse.

L'autel. — Le Maître-Autel de la chapelle miraculeuse est celui-
là même que saint Martial, premier évêque de Limoges, vint consacrer dans le petit oratoire de Zachée. Il est enchâssé dans un autel
en cuivre repoussé.

1. M. LABORDERIE, vic. de Catus (Cahors). Il avait déjà, en 1831,
annoncé la mort de son frère Louis, Lazariste.

MAISON OU EST NÉ LE BIENHEUREUX JEAN-GABRIEL PERBOYRE
PRÊTRE DE LA CONGRÉGATION DE LA MISSION,
(6 JANVIER 1802)
en la Fête de l'Épiphanie

« ce serait d'apprendre que, vaincu par ses souffrances,
« il scandalisât, par une lâche apostasie, ceux qu'il a
« convertis ». Paroles sublimes sur les lèvres d'une
mère. Est-ce tout ? Non, elle adorera jusqu'au bout
les desseins du ciel, et à la nouvelle du sacrifice consommé dans des tortures particulièrement horribles,
entendez-la s'écrier dans un élan de générosité qui
tient de l'héroïsme : « *Pourquoi hésiterais-je à faire*
« *à Dieu le sacrifice de mon fils ? La Ste Vierge n'a-*
« *t-elle pas généreusement sacrifié le sien pour mon*
« *salut ? Je ne croirais pas l'aimer véritablement si je*
« *m'affligeais, sachant qu'il est maintenant au comble*
« *de ses vœux* ».

Qu'ajouter à ce langage, sinon la louange que l'Esprit Saint lui-même fait de la mère des Machabées :
« *Supra modum, mater admirabilis* ». Mère vraiment
au-dessus de toute admiration.

Est-ce ainsi que les mères d'aujourd'hui aiment
leurs enfants ?

Voilà les leçons d'abnégation peu communes mises
en pratique dans ce charmant intérieur où tous, petits
et grands, goûtaient avec les joies de la charité chrétienne les plus pures affections de la famille. JEAN-
GABRIEL avait souvent entendu les nobles battements
du cœur de sa mère et lu dans l'expression communicative de son regard ce qu'elle désirait pour son bonheur. Aussi ses premières années ne se ressentent-elles
pas de cette légèreté de caractère qui est le partage ordinaire des enfants. On eût dit que la piété lui était naturelle. Semblable à la fleur fraîchement éclose qui
charme les yeux par la richesse de ses couleurs, tandis qu'elle flatte l'odorat par ses suaves émanations,
Gabriel, à peine éclairé des premières lueurs de la
raison, laisse échapper comme un parfum de candeur
et d'innocence.

Rien n'est plus touchant que d'entendre sortir de ses lèvres qui s'ouvrent à peine et qui déjà trahissent les pieux sentiments de son cœur, les noms de Jésus et de Marie. Volontiers on se rappelle S. François d'Assise et l'enivrante douceur qu'il trouvait à prononcer le nom de son Sauveur ; et cette Paule qui, au rapport de S. Jérôme, ravissait sa sainte aïeule par l'accent avec lequel, de sa langue qui bégayait encore, elle répétait le nom et les louanges du Christ [1]. Ce nom il le magnifiera dans son corps par une vie pure et une mort glorieuse, et la dernière page de ce livre sublime sera, comme la première, écrite avec les caractères et l'esprit de la croix. Ah ! c'est qu'il appartient par son origine à cette vieille race du *Quercy*, fine et forte tout ensemble qui, dans la suite des siècles, a compté plus d'un écrivain, plus d'un poète, plein d'élégance et d'esprit ; et qui, dès le temps de la conquête romaine, donnait la mesure de sa valeur et de son intrépidité, lorsqu'au siège d'*Uxellodunum* [2], les ancêtres de notre bienheurenx fatiguaient les soldats de César et étonnaient César lui-même par une résistance opiniâtre. Dieu a ses desseins lorsqu'il choisit le sol où devront naître ses élus ; aussi nous sera-t-il permis de dire que l'on reconnaît dans le jeune Perboyre les traits distinctifs et héréditaires de l'antique souche d'où il est sorti, et qu'ils sont empreints dans son intelligence, dans son caractère et jusque dans sa sainteté.

Dans son intelligence, car bien qu'il soit des qualités de nature bien frivoles, en présence de si hautes et si mâles vertus, la providence lui avait fait part ;

---

1. Ecrits de S. Jérôme,

2. L'Alésia du pays des Cadurques. Cette forteresse serait la colline du puy d'Issolu qui domine près de Vayrac, le confluent de la Dordogne et de la Tourmente. Le chef en était Luctérius.

dans une assez large mesure, de ces dons heureux qui assignent aux compatriotes de JEAN XXII [1] et de FÉNELON, une place de choix dans l'histoire ; et s'il l'eût voulu, à en juger par bien des traits échappés comme malgré lui à sa plume ou à sa parole, il aurait pu revêtir des formes les plus vives, les plus délicates, les plus touchantes, des pensées toujours marquées au coin de la plus parfaite justesse et d'une pénétration peu commune.

Quant à l'énergie du caractère et à la vigueur de l'âme, bien avant qu'il fît admirer aux témoins de son long et prodigieux martyre, ces grandes et fortes qualités, transfigurées par la grâce, les anges du ciel avaient pu les voir se développer et s'affermir silencieusement en lui, dans cette lutte patiente et ininterrompue que les saints soutiennent chaque jour contre la nature et dont les héros méritent bien qu'on dise d'eux, en s'inspirant de nos saints livres, qu'ils sont plus courageux et plus admirables que les conquérants de la terre et les preneurs de villes [2].

JEAN-GABRIEL n'a-t-il pas proclamé lui-même l'héroïsme de sa vertu, quand, sollicité par de pressantes instances, de saluer sa famille avant son initiation à la vie religieuse, il répondit à ses amis qui lui montraient le chemin du *Puech :* « Ce n'est pas le che- « min du ciel ; pour aller au ciel il faut faire des sa- « crifices ».

C'est le parti qu'il a toujours embrassé.

------

1. Jacques DEUZE, né à Cahors, devint Ev. de Fréjus, puis pape sous le nom de Jean XXII (1243-1333). Le palais bâti par ses soins, avec sa haute tour carrée, subsiste encore à Cahors.

2. PROV., XVI, 32.

CHAPITRE II

SOUS LE TOIT PATERNEL

1807 — 1813 — 1817.

> *« Voilà un malheureux ; il est bien mal*
> *« vêtu ; il faut lui donner du pain et des*
> *« habits ».*
>
> (JEAN-GABRIEL, au Puech).

A cinq ans, on compte encore bien peu dans la vie.
Cependant JEAN-GABRIEL se distingue déjà par une maturité étonnante à cet âge, qui marque visiblement
pour lui l'heure des premières et touchantes révéla-
tions. Le croirait-on ? Comme il est d'une physionomie intéressante, parents et amis aiment à considérer
ce petit ange et à le couvrir de caresses ; mais il lui
répugne de se prêter à ces démonstrations affectueuses.
« *Ce n'est pas bien* », lui a dit d'ailleurs son père
avec un regard expressif d'affectueuse tendresse ;
il n'en faut pas davantage pour qu'il oppose les plus
vives résistances à toute tentative de ce genre. Une
telle docilité, source féconde de bénédictions, le pré-

servera d'une multitude de dangers ; et cette exquise délicatesse permet à chacun de fonder sur cet enfant les plus saintes espérances.

Dieu avait placé cette âme privilégiée dans la solitude des champs pour mieux lui parler. Oh ! comme les anges devaient sourire à ce gracieux pupille quand, nouveau VINCENT DE PAUL, il menait paître son troupeau sur les confins du *Quercy* et de la *Guyenne*, à travers les coteaux verdoyants, le long des rivières ! Déjà, il saluait ce Bon Dieu dans le calice des timides fleurs, dans la douce voix des agneaux, comme à travers les flammes resplendissantes des soleils couchants ! Aussi, que d'actions de grâces il lui rapportait, quand il inclinait son front chargé d'innocence, devant la porte dorée du tabernacle ! Qui pourrait exprimer les illuminations dont son esprit fut honoré, dans ses entretiens intimes avec son Jésus ?

En grandissant ainsi sous les saintes caresses de la religion, le jeune Gabriel fait de plus en plus ses délices de la maison de Dieu ; tout l'y ravit, les cérémonies et les chants, les instructions de la foi et les réunions où il est admis. Mais quel n'est pas l'empire de ces pratiques lorsque les leçons commencées au pied des autels se poursuivent dans la famille, sous forme de récits édifiants qui captivent le jeune âge !

Il n'était pas rare dans les soirées d'automne, lorsque le petit pâtre avait ramené le troupeau confié à sa garde, après le repas frugal en usage dans ces montagnes, que toute la famille se trouvât réunie au foyer, devant le feu de sarments qui pétille et qu'on allume à chaque instant. Le cercle des intimes, les frères et les sœurs avaient les yeux fixés sur *l'oncle prêtre*[1] ; on l'interrogeait, on le provoquait à parler. A ces solli-

---

[1]. M. Gabr. PERBOYRE, mort supérieur du séminaire de Montauban. C. M. — V. à l'Appendice l'arbre généalogique.

citations pressantes, le saint religieux racontait sa vie pour la centième fois en ajoutant toujours quelques détails nouveaux ; il disait avec émotion les troubles et les clameurs des jours mauvais, les profanations impies dont il avait été le témoin désolé, l'accoutrement étrange sous lequel il avait dû fuir, la charité avec laquelle de pieux chrétiens l'avaient accueilli, risquant leur vie pour sauver la sienne. Et la soirée continuait et les questions se renouvelaient toutes à la fois sous mille formes.

A ces récits que sa vive imagination agrandissait encore, la pensée du petit observateur s'échauffait, son cœur battait dans sa poitrine ; il se disait dans son intelligence d'enfant qu'il serait bien heureux lui aussi de souffrir pour Dieu, d'être forcé de fuir, d'être poursuivi à outrance sans asile et de mourir en confessant sa foi !

C'est avec ces pensées de dévouement et de sacrifice dans leur première fraîcheur qu'il s'abandonne aux rêves et aux profonds sommeils de l'enfance.

A l'époque où nous sommes, VIANNEY est à peine adolescent, VIANNEY, ce saint curé d'Ars dont la vie fut un miracle perpétuel et que l'Eglise vient d'élever sur les autels (1786-1849) ; 6 janvier 1905.

Marie CHANEL (1803-1841), pâtre comme lui dans l'humble hameau de la Potière au diocèse de Lyon, a fait son apparition dans le monde. Tous ces prédestinés se coudoient, pour ainsi dire sans se connaître, dans les sentiers austères de la vertu ; ils se donnent rendez-vous au pied des autels, vont puiser aux mêmes sources des trésors de vie chrétienne, s'abritent sous le manteau virginal de l'auguste Reine du ciel ; et, bien que de natures si diverses, ils atteindront les sommets de la sainteté par la voie du renoncement et de la croix.

Et ce foyer où il a pris naissance n'a-t-il pas reçu

la bénédiction d'un *saint mendiant*, mort à Rome vingt ans plus tôt, au seuil de l'église *Notre-Dame des Monts*? Qui pourrait infirmer cette pieuse croyance ? Il est très probable en effet que sous les haillons de la pauvreté, celui qui devait devenir S. Bénoit Labre, était, dans le cours de ses fréquents pèlerinages, venu s'agenouiller devant l'image séculaire de Notre-Dame de *Roc-Amadour*, et avait souvent escompté la charité des Perboyre au hameau du *Puech*. On aime vraiment à trouver là l'explication de cette charité héréditaire dans la famille et qui s'insinue avec un caractère particulier dans l'âme si aimante du premier-né de ce jeune ménage. Oh ! comme il chérissait les pauvres de Jésus-Christ ! Apercevait-il un mendiant sur le seuil de la petite maison, Gabriel était de flamme pour solliciter l'aumône en sa faveur: « Voilà un malheureux, disait-il, il faut lui donner du pain et des habits ». Et les pieux parents, heureux de seconder cette touchante initiative, se réjouissaient intérieurement d'être les complices de ses actes de charité. Sa physionomie prenait alors une expression de bonheur inexprimable : c'est le reflet céleste qui rejaillit sur tous les siens. Vincent de Paul lui-même, dont il sera un jour la conquête et la gloire, n'était pas plus aimable quand il versait dans la main du chemineau des Landes le fruit de ses modestes épargnes, trente sous, sacrifice si héroïque à cet âge.

Le moment est venu d'envoyer Gabriel à l'école du village ; il a huit ans. C'est déjà un petit homme et le magister expérimenté a bientôt reconnu en lui des talents au-dessus de l'ordinaire. Quelle douce satisfaction pour un père de recevoir l'assurance que le fils de sa tendresse fait concevoir des espérances pour l'avenir ! Monsieur Perboyre éprouvera ces émotions de douce fierté ; et, en quelques mois, il lui est loisible de constater les heureuses dispositions et les progrès de son enfant, qui dépasse bientôt des écoliers plus anciens que lui, par une application soutenue à l'étude, par l'aménité de son caractère et la délicatesse de ses procédés. En l'absence du maître il est naturellement indiqué comme surveillant, car ses vertus précoces commandent à tous le respect.

Ce petit manège se renouvelle souvent pendant les six mois d'école primaire à *Montgesty*, où il doit se rendre pour recevoir les premières leçons ; levé de bonne heure, il emploie bien son temps pour faire face aux difficultés qui surgissent ; et son visage est même empreint d'une expression de tristesse, si sa mère oublie quelquefois de le réveiller. Au retour de la classe on aime à le voir se mettre aimablement à la disposition de son père ; et si celui-ci ne peut lui confier aucun travail, il reprend ses livres avec une jouissance inexprimable ; posé, sans cesser d'être prévenant, en bonne harmonie avec tous, la compagnie des camarades qui manifestent plus de piété, devient pour son cœur pleine d'attraits et de charme.

Au catéchisme où il ne tarde pas à être admis pour préparer le grand jour de sa première communion, le pasteur de la paroisse se félicite de la conduite exemplaire du nouveau venu. Son heureuse influence ne tarde pas à s'exercer sur son petit entourage. Quel plaisir de constater comme son esprit est tenu en éveil par les questions, souvent épineuses pour sa petite intelligence, qui lui sont posées et auxquelles il répond avec une assurance surprenante ! C'est lui le « *Docteur Angélique* » de cette pieuse réunion, appelé à résoudre les difficultés des plus jeunes, qu'il tire avec une grâce charmante, du cruel embarras où parfois les entraîne leur étourderie.

Toujours un livre à la main sous le toit paternel,

il charme les longues soirées d'hiver par de pieuses lectures, coupées par de piquantes causeries. La « *Vie des Saints* » a surtout pour son cœur un attrait puissant ; et, l'oncle prêtre leur a tant parlé de S. Vincent de Paul, qu'il aime déjà à reproduire dans sa vie d'enfant, les beaux exemples de vertus proposées à l'imitation des âmes généreuses. C'est le couronnement de cette instruction religieuse dont il reçoit le bienfait avec tant de dévouement et dont il profite avec une sainte émulation.

Ses conversations sont empreintes d'un cachet tout céleste. Aussi ses frères et sœurs, tout comme les autres enfants du voisinage, trouvent-ils un plaisir indicible à s'édifier auprès de leur aîné. De tout cœur il s'improvise catéchiste ; et, on ne sait que louer le plus, de sa modestie ou de l'à-propos avec lequel il développe les explications qu'il a entendues de son curé. Et comme une de ses sœurs éprouve une certaine difficulté à apprendre, il redouble de soin et de patience à son égard.

Les dimanches, au retour des offices, ceux qui n'ont pu assister à la prédication sont amplement dédommagés par ce jeune conférencier ; il se prête à leurs désirs avec la meilleure grâce du monde et son débit plein d'onction et de facilité ne laisse pas que de surprendre tous les gens de la ferme. C'est un missionnaire en miniature ; il a déjà le ton, le zèle et la conviction d'un apôtre, à tel point qu'un jour son père, frappé de la manière dont il parle des choses du ciel, lui dit en souriant : « *Puisque tu prêches si bien, il faudra te faire prêtre* ».

En attendant l'appel de Dieu, il seconde utilement les vues de ses parents dans les occupations de la campagne et s'y livre pendant la belle saison avec une ardeur infatigable.

Malgré son jeune âge, on le charge souvent de la surveillance des ouvriers employés à la maison ; mais sa délicatesse a parfois beaucoup à souffrir, son cœur est déchiré par des paroles de blasphème, et certains propos légers tenus par ces malheureux oublieux de leurs devoirs de chrétiens. On aime à le voir épancher son chagrin avec l'effusion de la piété filiale et raconter ce qu'il a entendu : *Eh bien ! réplique son père, dis-leur que cela n'est pas convenable ; mon désir est que tu leur défendes cette liberté de langage* ». — « Je n'ose pas, réplique le timide enfant, parce que je suis trop jeune ». Cette hésitation devait bientôt cesser ; GABRIEL ne tarde pas à prendre sur lui le courage d'une énergique remontrance ; et, sa fermeté, jointe à une modestie bien naturelle, porte ces ouvriers à parler désormais avec plus de réserve. Ce fut sa première victoire. Avec quel bonheur les anges ne durent-ils pas l'enregistrer au ciel !

Aussi, témoin assidu de sa piété et de son instruction remarquable, le vieux curé de *Montgesty* admire en silence les vertus qui se révèlent avec un si vif éclat dans cet enfant de bénédiction. Mais ce qui le frappe surtout, c'est sa dévotion au Saint Sacrement de l'autel. GABRIEL a déjà compris la grande charité de Notre Seigneur pour les hommes ; et, son cœur, pénétré de reconnaissance, désire répondre à cet amour du Bon Maître.

Suivant un usage, hélas ! trop répandu alors, les enfants n'étaient admis qu'après l'âge de quatorze et quinze ans à la première communion ; mais personne ne témoigne la moindre surprise si pour la circonstance, les autorités croient devoir déroger aux règles prescrites, car l'opinion générale le juge digne de cette faveur anticipée.

Cependant GABRIEL vient à peine d'atteindre sa

ÉGLISE DE MONTGESTY, DIOCÈSE DE CAHORS

OU LE BIENHEUREUX FUT BAPTISÉ ET FIT SA PREMIÈRE COMMUNION

(Mai 1813).

onzième année. Aussi quelle fête radieuse dans son âme ! Comme le soleil était beau ce jour-là, comme les oiseaux chantaient bien dans l'humble paroisse de *Montgesty* ! Quel attendrissement du pasteur et quelle plume pourrait traduire les sentiments de joie de la famille PERBOYRE !

Dieu a pris possession de cette âme simple et pure. C'est pour toujours : sous le regard de ce sublime instituteur, l'étude sera douce comme une récompense. A cette école, il n'oubliera jamais les promesses de son baptême par lesquelles il s'est voué au martyre, c'est-à-dire l'engagement solennel qu'il a pris de rendre témoignage à Jésus-Christ, de soutenir ces magnanimes combats de la vertu qui se couronnent par une si splendide victoire.

Quelques années après cette première démarche, l'aîné des PERBOYRE s'affirme comme un jeune homme accompli : « *Il était toujours tel qu'il ne nous laissait rien à désirer* », a dit sa vieille mère en évoquant des souvenirs déjà lointains. Par mesure de prévoyance, son père croit pouvoir se reposer de l'avenir sur JEAN-GABRIEL, l'aîné de ses enfants ; il est entendu dans la culture et prend chaque jour de plus en plus un heureux ascendant sur ses frères et sur ses sœurs ; « *la mort peut venir*, disait ce bon chrétien, *mes enfants* « *ne seront pas orphelins* ».

Mais telles n'étaient pas les vues de Dieu ; et un événement insignifiant, en apparence, va décider de la vocation de cet enfant. Il n'est pas appelé à cultiver les vignes de son père ; les anges qui veillent sur lui, le réservent à une agriculture plus haute, à la vigne de Dieu.

CHAPITRE III

UNE VOCATION INSCRITE AU CIEL

1817

> « *Puisque tu prêches si bien, il faudra te faire prêtre* ».
>
> (Langage du père).

A ces paroles dites en souriant par son père à « JEAN-GABRIEL » (on sait dans quelles circonstances), l'enfant a baissé timidement les yeux ; et, le petit auditoire de son prêche improvisé n'a pas lu, sans émotion, sa surprise dans ses yeux mouillés de larmes : larmes saintes ! larmes bénies ! larmes du zèle et de l'humilité ; de l'humilité qui n'ose élever ses regards vers l'autel que pour porter une pieuse envie à ceux qui ont été jugés dignes d'en monter les degrés ; du zèle qui s'afflige de penser que Dieu est si peu connu, les âmes si exposées à se perdre et de ne pouvoir mêler ses larmes et ses sacrifices à ceux des ouvriers évangéliques pour sauver ses frères et glorifier son divin maître.

Tout d'abord, le petit prédicateur de *Montgesty* ne paraît pas destiné à l'état ecclésiastique ; et, d'après les calculs humains, sa docilité aux vues modestes de ses parents, ne lui permet pas de se croire appelé ailleurs que dans la vie commune du monde. Louis étudiera le latin, c'est entendu ; mais de par le désir de son père, Jean-Gabriel partagera ses labeurs au hameau du *Puech* et en bon vigneron il perpétuera les traditions de cette vie patriarcale.

Ce frère chéri, plus jeune que lui, et qui le précédera sur le chemin de l'apostolat, est sur le point de mettre son projet à exécution ; il va partir pour le petit séminaire de *Montauban* confié aux enfants de S. Vincent de Paul quelques années avant la mort de leur glorieux fondateur vers 1652. Précisément leur oncle, M. Jacques Perboyre, en avait repris la direction ; c'était un vrai confesseur de la foi que ce prêtre de la Mission. Il avait bravé toutes les fatigues et à plusieurs reprises la mort même pour remplir pendant les jours néfastes de la Terreur les fonctions du saint ministère. On montre encore dans la contrée avoisinant *le Puech* la grotte humide où, comme tant de victimes, il célébrait les saints mystères. Voilà l'éducateur autorisé qui va préparer nos jeunes élèves aux luttes de l'avenir et leur mettre au cœur tout ce qu'il y a de générosité dans le sien pour le service du Maître. « *Tu devrais te faire prêtre* »... Cet oracle paternel qui a eu une si étrange répercussion dans l'âme de Gabriel sera-t-il vérifié par les événements ? Tout porte à le croire. La jeunesse de Louis et sa timidité, suggèrent à Marie Rigal la pensée de le confier à Gabriel pour ménager une heureuse transition et l'accoutumer à son nouveau genre de vie. Dans leur intention il doit aussi profiter de ce séjour en pension pour se fortifier dans l'orthographe, le càlcul et acquérir des connaissances qui lui seront toujours utiles à la maison paternelle.

Mais, au *séminaire*, comme à l'école de *Montgesty*, il a bientôt gagné toutes les sympathies, conquis les suffrages de ses maîtres et de ses nouveaux condisciples. Il est heureux de cette gâterie de la bonne Providence et traduit ses premières impressions dans les lignes suivantes :

9 mai 1817

Mon cher père,

« *Il y a déjà longtemps que je n'ai pas reçu de vos*
« *nouvelles. Il me tarde de savoir si vous jouissez tous*
« *d'une bonne santé ! Je voulais vous écrire, mais comme*
« *je n'ai jamais fait ni même lu de lettre, je n'osais pas*
« *prendre la plume pour cela. Il est bien juste, mon très*
« *cher père, que vous ayez les prémices de mon savoir ;*
« *vous y verrez que je ne suis pas encore bien savant,*
« *quoique je me sois appliqué autant qu'il m'a été possible.*
« *Mon frère se porte bien ; nous n'avons pas eu la plus pe-*
« *tite incommodité. Nous avons besoin d'habits ; ayez la*
« *bonté de me mander si vous voulez que mon oncle nous*
« *en achète.*

« *Je vous embrasse, j'embrasse aussi bien tendrement ma*
« *chère mère, mes frères et mes sœurs.*

« *Je suis, avec les sentiments les plus respectueux, votre*
« *fils bien affectionné,*

J. G. PÉRBOYRE ».

C'est sa première lettre ; on nous sera gré de l'avoir reproduite, parce qu'elle peint au naturel l'ingénuité affectueuse de cet enfant.

L'histoire n'a pas enregistré la réponse du père. Mais tout porte à croire qu'il ne tarda pas à prendre le coche à *Cahors* pour aller chercher son fils ; et le

« *Petit Jésus de Montauban* » sera sans doute contraint de rentrer au pays natal à l'heure où doit prendre fin sa petite mission de charité. L'arrivée soudaine du père PERBOYRE ne semble plus laisser place à la moindre illusion ; c'est l'heure du départ et de la séparation. Qui pourrait rendre dans sa naïve et touchante expression cette scène du parloir au petit séminaire ? A cette nouvelle tout le personnel est en émoi ; les plus intimes sont plongés dans la consternation ; maîtres et élèves ne peuvent se faire à l'idée de ne plus voir au milieu de leurs ébats, ni présider à leurs joûtes scolaires celui qui leur fait tant d'honneur. En cercle autour de lui, ses camarades lui font fête ; ils semblent lui dire, comme autrefois Laban à Eliézer : « *Entrez et vivez avec nous, enfant béni du* « *Seigneur ; pourquoi demeurez-vous au dehors ?* « *Votre place n'est-elle pas dans le sanctuaire et au-* « *près de l'autel ?* »[1] Le père, sans le savoir, avait dit vrai ; après Dieu, c'est lui l'heureux coupable, car ses paroles ont produit une impression si profonde que GABRIEL ne les a jamais oubliées : « *Tu devrais te faire prêtre* ». Aussi, docile aux inspirations d'en haut, cède-t-il de grand cœur aux sollicitations de l'enfant et aux instances si justifiées de son pieux et sympathique entourage?

Sa détermination est prise ; le voilà déjà seul sur la route du *Puech*, sacrifiant les sentiments de la nature et de l'affection. Il devient par ce consentement si chrétien, l'organe autorisé et l'instrument des volontés du ciel.

En le voyant ainsi rentrer au hameau, la digne mère a tout compris. Les yeux au ciel, cette femme courageuse murmure une fervente prière ; et après avoir

---

1. GEN., XXIV, 31.

essuyé une larme furtive qui a perlé dans leurs regards attendris, tous deux se déclarent indignes d'être appelés à l'honneur de ce double sacrifice. Une telle noblesse de sentiments ne fait-elle pas pressentir les bénédictions répandues avec une effusion toute libérale sur ce foyer domestique?

A l'aurore du lendemain, ils font part de cette décision aux membres de la famille qui, tous, s'associent à leur bonheur.

Ainsi placées dans le sein de la bonté divine, leurs espérances ne seront point confondues et ils attendent dans un religieux silence les destinées futures de cet élu du sanctuaire.

Jean-Gabriel aime à les associer à ses petits projets d'avenir; ses lettres consacrent avec autorité la sagesse de leur démarche et de sa détermination. A la date du 16 juin 1817, c'est en effet, dans les termes de la plus humble déférence qu'il demande à son père s'il consent à le laisser continuer ses études avec Louis son jeune frère :

16 juin 1817.

« *Mon cher père,*

« *Après votre départ de cette ville, j'ai réfléchi sur la* « *proposition que vous m'aviez faite d'étudier le latin. J'ai* « *consulté Dieu sur l'état que je devais embrasser pour* « *aller plus sûrement au ciel. Après bien des prières, j'ai* « *cru que le Seigneur voulait que j'entrasse dans l'état ec-* « *clésiastique. En conséquence j'ai commencé à étudier le* « *latin, bien résolu de l'abandonner si vous n'approuvez* « *pas ma démarche. Je connais le besoin que vous avez des* « *petits secours que je pourrais vous donner; mon seul re-* « *gret est de ne pas pouvoir vous soulager dans vos grandes* « *préoccupations; mais enfin si le bon Dieu m'appelle à*

Petit Séminaire de Montauban (Tarn-et-Garonne).

N. B. — Les deux avant-corps de Bâtiments que l'on aperçoit sur la gravure
constituaient l'ancien petit Séminaire. Le Tarn coule aux pieds de l'enclos.

(1817-1820).

« *l'état ecclésiastique, je ne puis pas prendre d'autre che-*
« *min pour arriver à l'éternité bienheureuse. Je continuerai*
« *ce que j'ai commencé jusqu'à ce que j'aie votre réponse.*
« *Si vous agréez que je continue, il est nécessaire que je*
« *fasse faire des habits. Vous aurez la bonté de m'envoyer*
« *de l'argent pour les acheter. Je pense que la bourse de*
« *mon oncle n'est pas assez garnie pour en faire les*
« *avances. Je vous embrasse tous, en particulier ma chère*
« *mère.*
  Je suis etc ».

On devine la réponse du père ; il dut se concerter avec sa noble compagne pour la rédiger en termes particulièrement affectueux. Désormais au comble de ses désirs, et bien assuré d'être dans la voie tracée par Dieu, JEAN-GABRIEL s'adonne résolument à l'étude du latin.

Après avoir été au *Puech* le modèle de l'enfance, il sera au petit Séminaire de *Montauban* le type du parfait écolier, un puissant entraîneur dans les sentiers du devoir et de la vertu.

Voyons-le à l'œuvre.

CHAPITRE IV

LE « *PETIT JÉSUS DE MONTAUBAN* »

1817-1820

> « *Après bien des prières, j'ai cru que le*
> « *Seigneur voulait que j'entrasse dans l'État*
> « *ecclésiastique* ». Puis : « *Je veux être mis-*
> « *sionnaire* ».
>
> (Lettre à son père).

« *Petit Jésus* ». — C'était le nom qu'aimaient à donner à Jean-Gabriel ceux que j'appellerais volontiers ses camarades de promotion, tant ils subissaient l'ascendant de ses vertus angéliques !

La vie du Christ ne rayonnait-elle pas déjà dans tous ses actes ? On trouvait Jésus dans son regard et sur sa riante physionomie. Aussi réalise-t-il sur ce premier théâtre de son zèle les merveilles de salut attachées à ce nom prédestiné? Avant de se livrer aux travaux de l'apostolat sur la terre idolâtre, il est au petit séminaire le sauveur de ses frères ; et tous électrisés par ses exemples, rivalisent d'une sainte émulation, sous la forte direction des Enfants de saint Vincent, pour accomplir les fastes de Dieu dans l'Eglise ou dans le monde.

Grâce au dévouement d'un maître dévoué auquel son oncle le confie, l'*aîné des* PERBOYRE fait de rapides progrès dans l'étude de la langue latine. L'idée bien arrêtée de se consacrer à Dieu dirige ses efforts et c'est bien consolant de le voir goûter en peu de temps les leçons qui lui sont prodiguées dans les différents cours de la maison.

Scrupuleux observateur du règlement, il n'admet pas facilement les espiègleries de ses voisins, qui le harcèlent et mettent souvent sa patience à l'épreuve. Aucune pression ne le fait se départir du programme qu'il s'est tracé et l'esprit de foi qui l'anime devient un levier assez puissant pour commander le silence à ses contradicteurs d'occasion. Un sourire est sa seule réponse ; et si le stimulant s'accentue dans un sens que sa conscience se refuse à approuver : « Vous « savez bien que c'est défendu », dit-il avec une grâce sévère, qui dénote combien grande était sa crainte d'offenser le bon Dieu.

Déjà l'amour de Jésus crucifié l'inspire et le captive. Comme on lui fait remarquer que sur son pauvre lit mal arrangé, le sommeil lui sera bien difficile : « *Pensez-vous*, répond-il, *que Jésus-Christ n'était pas* « *plus mal couché sur la croix ?* »

A peine âgé de 16 ans, il jeûnait chaque vendredi afin de s'unir aux souffrances du Sauveur ; et son ardeur pour la pénitence lui fait ajouter à cette mortification le jeûne du samedi en l'honneur de la sainte Vierge. Oh! comme il l'aimait sa mère du ciel! chaque jour il avait la pieuse coutume de réciter le chapelet en son honneur et pour réveiller les sentiments de piété filiale de ses condisciples, il ajoutait, ce vertueux

jeune homme : « *Un Ave Maria bien dit vaut mieux*
« *que toute la science du monde* ».

Puis ce sont ses compositions littéraires ; par un
instinct impérieux, son cœur se tourne du côté de la
croix du sacrifice. Un jour le travail proposé était
justement la glorification de la croix ; le premier rang
lui est assigné dans le concours : il avait dit dans
toute l'effusion de son âme : « Qu'elle est belle cette
« croix, plantée au milieu des terres infidèles et sou-
« vent arrosée du sang des apôtres de Jésus-Christ ! »
N'est-ce pas là la première vision de son apostolat et
de son martyre ?

Jésus-Christ, il le voyait surtout dans les pauvres ;
la tendre compassion qu'il leur avait témoignée dès
son enfance se développait à mesure qu'il avançait
en âge. « *Bien souvent*, raconte un de ses historiens
les plus autorisés [1], au moment du déjeuner et du
goûter, après avoir reçu son morceau de pain, on le
voyait se dérober aux regards de ses compagnons. Il
allait ainsi, tantôt le donner aux mendiants qui étaient
à la porte de l'établissement, tantôt le déposer dans
une corbeille dont le contenu leur était distribué. Les
domestiques, souvent témoins des industries de sa
charité, lui disaient quelquefois : « *Aujourd'hui vous*
« *n'avez pas déjeuné ; vous vous êtes privé de votre*
« *goûter pour les pauvres* ». Alors la rougeur lui
montait au front en se voyant découvert, et il répon-
dait modestement : « Pardonnez-moi, je ne fais jamais
« de meilleur déjeuner ni de meilleur goûter que
« quand je donne ma portion aux pauvres qui en ont
« si besoin. Au reste, je n'ai pas grand mérite à cela,
« je puis m'en passer facilement ».

JEAN-GABRIEL ne se distingue pas moins en philo-

---

1. Mgr DEMIMUID, Dir. de l'œuvre de la Ste Enfance.

sophie que dans les classes de littérature ; car il joint à un jugement très droit, une grande facilité de conception. Comme son esprit est naturellement porté à la métaphysique, il prend plaisir à approfondir les questions les plus abstraites et sa pénétration étonne ses professeurs. Pendant son cours de philosophie même, son oncle fut contraint de se séparer d'un maître qui rudoyait les enfants. Pour le remplacer il n'y a qu'une voix et le jeune débutant se charge par obéissance de cette classe, à la grande satisfaction des élèves. Son enseignement même était si goûté que trente ans plus tard, ils ne parlaient de leur régent qu'avec des larmes d'attendrissement. Cet attachement allait même quelquefois jusqu'à la vénération, comme en témoigne le petit fait suivant : « Un de ses élèves « auquel il avait délivré un certificat de travail et de « succès, fit encadrer ce petit souvenir classique, vou- « lant, comme il aimait à le publier, conserver une *re-* *lique* de son maître, qu'il regardait comme un *saint* ».

Comment s'étonner ensuite des jugements si flatteurs portés sur ce saint jeune homme ! Nous nous reprocherions de ne pas mettre sous les yeux du lecteur un portrait tracé de lui par une main d'artiste, alors qu'il allait prendre la livrée des enfants de saint Vincent : « C'était alors un jeune homme de petite « taille, à l'air délicat, au teint coloré, et dont la figure « empreinte d'innocence et de candeur, offrait l'ex- « pression de cette pudeur angélique et virginale, de « cette humilité profonde, de cette aménité de mœurs « et de caractère qui semblent le trait distinctif des « âmes d'élite prédestinées à donner au monde « l'exemple des plus héroïques vertus. Son maintien « d'une excessive modestie, son recueillement dans la « prière, sa piété ardente, une pose d'*ange adorateur* « dans les exercices religieux me le faisaient tout

« naturellement comparer aux Berchmans, aux Sta-
« nislas Kostka, aux Louis de Gonzague et à tant
« d'autres jeunes saints qui, après avoir été les mo-
« dèles de la Jeunesse Chrétienne, ont mérité la gloire
« d'en devenir les patrons. Je ne me rappelle jamais
« la sainte gravité, la grâce saisissante, la bonté et la
« mansuétude de ce doux et aimable visage sans me
« dire à moi-même : Tels se montrèrent sans doute les
« Alberti, les Ubaldins et les Décalogne, types de
« vertus qui remplirent du parfum de leur piété
« sans faste les collèges qu'ils édifièrent par leur zèle
« à s'acquitter des plus minimes devoirs et couron-
« nèrent une belle et courte vie par une mort sainte
« et glorieuse ».

Tel est le présent que fait le Ciel aux prêtres de
Saint-Lazare. Déjà lors de la célèbre mission de
Montauban (1817) le pieux lévite n'avait-il pas dit :
« Je veux être missionnaire». Rien ne pourra l'ébranler
dans cette énergique résolution. Devant cette volonté
de fer, tous les obstacles tombent, toutes les illusions
se dissipent. Ses rêves d'enfant prennent corps avec
une réalité surprenante. Dieu qui avait ourdi cette
trame divine pour l'étreindre doucement comme dans
les lacets du plus suave amour, lui révèle peu à peu
ses secrets dans le silence de ses oraisons. Sa vocation religieuse se dessine ; *il veut être missionnaire.*
Ce n'est point une parole sonore lancée dans l'enthousiasme de la jeunesse au milieu des entraînements
sublimes d'une voix apostolique qui gagne des âmes
au ciel. Plus que jamais il se sent pressé d'aller
prêcher la foi aux infidèles de la Chine.

Cependant, comme il a de sa personne des sentiments remarquables de défiance et qu'il craint une
illusion de jeunesse, Jean-Gabriel redouble de ferveur dans sa prière ; et, afin de mieux pénétrer les

voies miséricordieuses du divin maître, il fait à saint François-Xavier une neuvaine dont nous connaissons les consolants résultats. Bientôt son oncle est mis dans ses petites confidences; mais, à vrai dire, n'attache pas d'abord grande importance à cette communication. Les jours s'écoulent et le moment arrive de se fier à l'évidence. Aussi sa constance inébranlable détermine-t-elle les autorités supérieures à lui accorder sur place cette faveur qu'il saura apprécier !

C'était fête dans l'intimité de la famille le 25 décembre 1818. Au jour anniversaire de la naissance du Christ, *Montauban* devient le berceau de la vie apostolique du pâtre de *Mongesty*. Voici le temps de l'épreuve; il n'a garde de l'oublier et passe ses deux années de Séminaire avec toute la perfection qu'on est en droit d'attendre d'un postulant déjà marqué d'une mystérieuse empreinte.

Un de ses compagnons de noviciat moins heureux que lui, rend de sa vertu et de son esprit d'abnégation ce magnifique témoignage :

« L'obéissance du jeune PERBOYRE était telle que
« je ne crois pas qu'on puisse porter plus loin le re-
« noncement à soi-même : on eût dit que sa volonté
« avait tout entière passé dans celui qui était chargé
« de le diriger. Toutes les règles de la Mission, il les
« observait avec une telle perfection que saint Vin-
« cent lui-même qui a fait vos constitutions, s'il reve-
« nait sur terre, ne pourrait les observer avec une
« plus scrupuleuse exactitude ».

Et le souvenir de son exemple s'était si profondément gravé dans son cœur et dans sa mémoire qu'il a pu nous dévoiler plusieurs des actes de sa vie intime.

Dans les notes communiquées après le martyre de son ami, il s'attache à mettre en lumière sa fidélité scrupuleuse à se lever le matin, au premier son de la cloche ; et, se plaît à avouer ingénuement que plusieurs fois il avait constaté sur ses cahiers, des phrases et même des mots incomplets, jusqu'à des lettres inachevées ; et comme il lui en témoignait un jour sa surprise : « Qu'y a-t-il d'étonnant à cela ? répliqua-t-« il, nous ne faisons que notre devoir ! »

Après avoir signalé son esprit de mortification qui se traduisait sans efforts mais avec système et dans ses repas où il sacrifie ingénument ses goûts, et dans ses regards auxquels il ne donne aucune liberté, et dans sa démarche toujours si modeste, le même correspondant conclut par ces réflexions singulièrement édifiantes : « Ce saint jeune homme n'avait pas besoin « de chercher Dieu ailleurs, car il l'avait trouvé dans « son cœur, comme saint Augustin... Les mépris et « les humiliations étaient pour lui des pierres pré-« cieuses. Malgré un tempérament très vif, si la nature « paraissait avoir peu d'empire sur lui, il ne le devait « qu'à sa vigilance, à ses efforts et aux nombreuses « victoires remportées sur lui-même ».

« Je surveillais aussi avec un soin scrupuleux ses « lectures. Saint Jean Climaque, saint Bonaventure, « saint Bernard, sainte Thérèse, étaient les auteurs « auxquels il demandait de préférence des aliments « pour sa vie de recueillement et d'oraison. La vie des « Saints lui était familière ; et on aurait pu dire de lui « qu'il reproduisait dans le détail de son existence « la page qu'il avait méditée ; mais il revenait sans « cesse sur les Saints Évangiles et les Épîtres de « saint Paul qu'il avait apprises par cœur. La vie et « les conférences de saint Vincent étaient pour lui « pleines de charme ; pour se pénétrer de l'esprit de « la Mission, il travaillait à pratiquer ce que le « fondateur propose de plus parfait à ses enfants ».

Tandis que notre bon jeune homme croît silencieusement dans la ferveur, l'époque de ses engagements est enfin venue. Il serait difficile d'exprimer son bonheur au matin du 28 décembre 1820. C'est en ce jour que l'Eglise célèbre la mémoire des SS. Innocents ; lui aussi offre à Dieu une victime pure et sans tache ; et le souvenir de cette démarche irrévocable lui sera toujours aussi sacré que le jour de son baptême. Ses lèvres virginales murmurent les paroles du psalmiste: *Vota mea Domino reddam, in conspectu ejus.* Mais ce n'est encore que le prélude de l'holocauste que, dans sa conviction toute intime, il offrira un jour à son Jésus, sur la terre de la Chine.

Enfant d'obéissance il va quitter cet asile de la prière, pour se rendre à la Maison Mère de Paris. C'est l'heure d'un nouveau sacrifice ; GABRIEL PERBOYRE a pour son père et surtout pour sa mère la plus tendre affection ; et si la pensée de les revoir lui sourit, il croit cependant plus méritoire d'immoler à Dieu sur l'autel de son cœur cette douce satisfaction. A la gracieuse invitation qui l'autorise à visiter sa famille : « Saint Vincent, répond-il d'un ton de voix « très significatif, ne s'est rendu qu'une fois chez « ses parents, et il en a eu du regret ; si vous voulez « me le permettre, j'offrirai à Dieu ce sacrifice ».

L'Enfant est libre, l'*oncle prêtre* se refusant à contrarier des sentiments qui excitent son admiration sacerdotale.

Arrive enfin le moment des adieux au supérieur et à ses maîtres, moment de vifs regrets et de sincère tristesse, car l'ange de piété qui les a tant édifiés, laissera un grand vide dans leur cœur. Il part avec le projet de s'arrêter à *Cahors* un jour ou deux pour donner satisfaction à tous les siens. Grâce à cette pieuse combinaison ménagée sans doute par la bienveillance du Supérieur, MARIE RIGAL pourra embrasser son fils à son passage dans cette ville. Mais une telle joie ne sera pas goûtée sans un mélange d'amertume, car ils ont l'un et l'autre le secret pressentiment d'une séparation prochaine. Aussi profitent-ils de tous les instants pour s'entretenir ensemble. GABRIEL cependant saura soustraire à ces colloques de longues heures pour vaquer à l'oraison et à ses autres exercices de piété. MARIE RIGAL, dans les sorties avec son fils, se plaint toujours de sa démarche précipitée et ralentit le pas pour le considérer davantage, recueillir ses paroles, et prolonger ses jouissances maternelles. Son cœur se déchire à la pensée possible d'une dernière entrevue. Quel combat terrible! cette femme de foi ne peut ni ne veut s'opposer à ce départ, car elle craint de contrarier les desseins si manifestes de la divine providence.

De son côté, le jeune Missionnaire n'est pas insensible à la tendresse de ses parents ; mais planant au-dessus des sphères terrestres : « Ma bonne Mère, lui « répond-il avec une expression toute respectueuse, « ma bonne Mère, il faut bien nous accoutumer à nous « passer l'un de l'autre ; vous savez que le bon Dieu « m'appelle à Lui ; il faut commencer à nous quitter ».

Ce furent ses dernières paroles. Le signal est bientôt donné. La pieuse Mère a mené son fils à l'entrée du chemin où il doit recueillir une si abondante moisson des fruits de la science et des fleurs du sacrifice. Après lui en avoir ouvert l'accès par ses prières, ses exemples et les enseignements de la foi, elle disparaît. GABRIEL n'a plus besoin d'elle ; MARIE IMMACULÉE l'a pris sous son manteau tutélaire ; les anges de *Montgesty* chantent ses victoires en le couvrant de leurs ailes protectrices, et Vincent de Paul, du haut du ciel, affirme ses droits en mettant sur cet élu sa main miraculeuse.

CHAPITRE V

A L'ÉCOLE DE SAINT VINCENT

1820-1823.

> « *Faites-vous l'idéal de la perfection d'un*
> « *novice ; ensuite appliquez à* JEAN-GABRIEL *tout*
> « *ce que vous aurez imaginé de plus parfait,*
> « *vous pouvez être assuré d'être toujours dans*
> « *le vrai* ».
>
> (Témoignage d'un de ses confrères
> de noviciat).

La Congrégation des prêtres de la Mission[1] se relève à peine de ses ruines, quand le jeune novice fait à Paris son apparition.

Dès 1801, les Filles de charité installées dans une maison modeste de la rue du Vieux-Colombier étaient devenues les heureuses dépositaires des insignes Reliques de Saint Vincent de Paul, leur fondateur. Là, elles travaillent à réorganiser leurs œuvres jusqu'au décret impérial de 1813, qui leur assigne pour résidence définitive l'hôtel de Châtillon, situé rue du Bac.

---

1. Fondée par S. VINCENT DE PAUL à Paris, 1625, au Collège des « *Bons Enfants* », puis transférée au *Prieuré de Saint-Lazare* (auj. prison).

De leur côté, les Missionnaires, après plusieurs essais de réorganisation, cherchent à faire revivre un passé qui leur tient tant à cœur. Le ciel bénit leur sainte entreprise.

Reconnue officiellement dès 1804, et favorisée par Louis XVIII en 1816 d'une nouvelle consécration, la Congrégation de la Mission verra bientôt s'ouvrir pour elle une ère nouvelle de prospérité !

Délivré de sa prison de Fenestrelle, Monsieur HANON, Supérieur Général, est enlevé à l'affection des siens sans pouvoir bénir le nouveau siège de la Congrégation à l'hôtel de Lorges (rue de Sèvres). C'est un saint missionnaire, M. Charles BOUJARD, choisi par ses confrères pour le travail de restauration, qui préside aux destinées de la Compagnie des Lazaristes, en qualité de Vicaire Général.

La divine Providence seconde visiblement les généreux efforts de ces ouvriers infatigables ; et bientôt les vocations se multiplient d'une façon très consolante.

Parmi les jeunes recrues de ce nouveau Saint-Lazare, qui vient de surgir dans la capitale, se trouve le séminariste de Montauban. JEAN-GABRIEL PERBOYRE s'applique avec zèle à l'étude des sciences ecclésiastiques. C'est plaisir de constater l'ardeur et le succès avec lequel il approfondit toutes les matières de son petit programme. — Il s'en pénètre et peut en rendre compte avec une précision et une clarté surprenantes. Si la *Somme de saint Thomas* devient son livre favori, comment s'étonner dès lors qu'à la fin de ses études théologiques la doctrine du docteur angélique lui soit devenue si familière, au témoignage de ses contemporains ? Plaire à Dieu et acquérir les connaissances nécessaires pour le faire aimer, telle est toute son ambition ; loin de lui tout ce qui sent la recherche, l'esprit de dispute ou le désir de paraître.

Les conseils plein de sagesse que l'ange de l'Ecole donnait autrefois à un jeune homme sur la manière d'étudier, Jean-Gabriel les a lus et les reproduit si fidèlement dans sa conduite que nous ne cessons pas, ce semble, d'écrire sa vie en les mentionnant : « Vous « me demandez, disait S. Thomas, quel est le véri- « table moyen de réussir dans vos études et d'arriver « sûrement à la possession de la sagesse ».

« Le conseil que je vous donne, c'est de ne pas vous « attacher aux questions difficiles mais de vous élever « par degrés ; la connaissance que vous pourrez ac- « quérir des vérités les plus simples vous conduira in- « sensiblement à la connaissance des vérités les plus « profondes... Conservez toujours avec soin la pureté « de conscience, et ne faites jamais rien qui puisse la « souiller ou vous rendre moins agréable à Dieu. Que « votre prière soit continuelle. Aimez à vous cacher « pour donner à la lecture ou à la méditation tout le « temps que vous emploieriez sans fruit à vous entre- « tenir avec les créatures... En vous rappelant la vie « et les actions des saints, marchez sur leurs traces « autant qu'il vous sera possible et humiliez-vous si « vous ne pouvez pas atteindre à leurs perfections... « Si vous suivez exactement les conseils que je vous « donne, ne doutez pas que vous n'arriviez, selon vos « désirs, à la possession de la sagesse. Votre vie sera « remplie de fleurs et de fruits. Vous féconderez la « vigne du Seigneur tout le temps que vous porterez « son joug ».

Telles était les règles de conduite que S. Thomas traçait autrefois aux jeunes étudiants. Jean-Gabriel les fit siennes et ne s'en départit jamais. Aussi écrivant un jour à son frère qui faisait ses études, il peut lui adresser ces paroles vraiment remarquables : « Tachez d'éviter un écueil que rencontrent souvent

« les étudiants en philosophie ; ils s'accoutument à
« parler de Dieu avec une liberté peu respectueuse ;
« ils affaiblissent insensiblement en eux les sentiments
« religieux que doit inspirer l'idée de cette adorable
« majesté : la foi en souffre, la piété aussi. L'humilité
« et la prière procurent plus de connaissance de Dieu
« que les superbes raisonnements. Il faut travailler
« de toutes manières à croître de plus en plus dans
« cette connaissance, et nous rappeler ce langage de
« l'apôtre : nous ne cessons de prier pour vous et
« de lui demander que vous soyez remplis de la con-
« naissance de sa volonté en toute sagesse et toute
« intelligence spirituelle, croissant dans la science
« de Dieu ».

Le Bienheureux avait su éviter les inconvénients signalés à son frère pour le mettre en garde contre une
série de dangers. Si la piété ne nuit pas à ses travaux, son travail ne nuit pas à sa ferveur ; plus il apprend à connaître Dieu, plus il s'applique à l'aimer et
à le servir. Dans ses lettres, il ne manque jamais de
leur donner les plus sages conseils, soit pour les intérêts de leur âme, soit pour les devoirs à remplir envers leurs enfants :

« Non, vous ne vous trompez pas, votre souvenir
« est toujours présent à mon esprit, je pense à vous
« tous les jours, ainsi qu'à tous mes parents ; et il n'y
« avait pas même une demi-heure que j'y avais pensé
« quand on m'a remis votre lettre : elle m'a comblé de
« joie. Il y a longtemps que je pensais à vous écrire ;
« j'avoue que j'ai été un peu trop négligent... »

Cet aveu sur ses lèvres est sans doute une allusion
à un rappel à l'ordre que sa famille inquiète lui avait
fait parvenir ; puis il ajoute : « J'ai parlé à mon oncle
« de mon petit frère Antoine ; je crois que vous ne
« ferez pas mal de l'envoyer quelque temps auprès de

« lui, pour y apprendre les premiers éléments des con-
« naissances divines et humaines ; mais je vous en
« supplie, M. T. C. Père, gardez-vous bien de le
« porter, par quelque parole, ou de toute autre ma-
« nière, à entrer dans l'état ecclésiastique ; car s'il
« embrassait cet état sans y être appelé, et surtout par
« des motifs d'intérêts humains, il commettrait un sa-
« crilège abominable, et ce serait pour vous comme
« pour lui le plus grand des malheurs. Tout ce que
« je désire, c'est qu'il apprenne à vivre en bon chré-
« tien, et qu'il ne devienne pas idolâtre des biens de
« la terre, comme je l'ai été pendant quinze ans ».

Au souvenir des dangers qu'il a courus lui-même
au *Puech*, il recommande à son père de redoubler de
sollicitude et de vigilance pour empêcher toute espèce
de mal :

« Quoique je n'ignore pas vos soins et votre vigi-
« lance pour conserver dans tous vos enfants la pureté
« des mœurs, je tremble continuellement pour son in-
« nocence, sachant que vous êtes obligé de le perdre
« souvent de vue, et qu'il se trouve la plupart du temps
« avec des domestiques et des ouvriers, dont la bouche
« est pleine de médisances, de propos indécents ; et
« vous savez mieux que moi, M. T. C. Père, que vos
« gens ne sont pas si retenus en votre absence qu'en
« votre présence. Aussi je ne doute pas que vous ne
« leur recommandiez de temps en temps la crainte de
« Dieu, et que vous ne les réprimandiez fortement
« lorsque vous apprenez qu'ils offensent le Seigneur...
« Je vous embrasse ainsi que ma chère mère, et
« suis pour la vie, etc... »

Le pieux étudiant témoigne d'une obéissance parfaite pour tous ceux qui lui tiennent la place de Dieu,
et s'il manifeste une respectueuse déférence pour ses
parents, son affection pour ses confrères est si cor-

diale que chacun trouve en lui un ami intime, sincère et dévoué. Et son respect ne s'alliait d'ailleurs à aucune familiarité.

Ce qui frappe surtout en lui, c'est son recueillement habituel, son égalité de caractère, surtout ce bel ensemble de vertus si bien assorties et qui ne se démentit jamais.

Aussi un saint missionnaire, son compagnon d'études, pouvait-il rendre de lui ce précieux témoignage : « J'ai toujours trouvé en M. PERBOYRE à cette époque, « un modèle accompli de toutes les vertus. On respi- « rait en son commerce un parfum de sainteté qui « édifiait et excitait à devenir meilleur. Je n'ai jamais « remarqué la moindre faute dans sa conduite ; il « s'accusait quelquefois de manquer à la douceur, « mais impossible de constater en quoi il avait faibli. « On pourra dire sur son compte tout le bien qu'on « voudra ; impossible d'exagérer. Dans sa petite exis- « tence, rien d'extraordinaire ou de saillant ; mais « rien non plus de défectueux : et plus on le considé- « rait, plus on l'étudiait, plus aussi on était surpris « de le trouver parfait en tout et partout ».

L'oraison surtout était pour lui le premier et le plus utile de tous les exercices. Il n'y manquait jamais et chaque matin s'adonnait à cette pratique avec une ferveur admirable. « L'oraison, disait-il déjà, c'est la « respiration de l'âme. Notre corps ne pourrait vivre « sans l'air qu'il respire. Eh bien ! de même notre âme « meurt lorsqu'elle cesse de respirer par le moyen de « l'oraison... Notre Seigneur n'a rien tant recom- « mandé que la prière et l'oraison, et lui-même y « consacrait beaucoup de temps pour nous en donner « l'exemple ».

Et quand on lui demandera plus tard quel est le meilleur livre de méditation, écoutez sa réponse ; c'est tout un code de doctrine spirituelle qu'il formule dans une page délicieuse :

« Beaucoup de personnes sont embarrassées pour
« trouver des livres de méditation qui leur con-
« viennent ; pour moi, je n'en connais pas de plus
« excellent et qui coûte moins cher que notre *propre*
« *cœur et le cœur de Jésus*. On peut appeler celui-là
« le Livre des Livres, et je vous conseille de vous en
« servir souvent. Oui, étudiez-vous bien vous-même ;
« étudiez bien le cœur de Jésus et en peu de temps
« vous ferez de grands progrès dans la vertu. Dans
« votre cœur, vous trouverez un abîme de misères, et
« dans le cœur de Jésus un abîme de miséricorde ;
« dans votre cœur vous trouverez un abîme de pau-
« vreté et dans le cœur de Jésus un abîme de ri-
« chesses ; dans votre cœur vous trouverez un abîme
« d'orgueil et dans celui de Jésus un abîme d'humi-
« lité ; dans votre cœur vous trouverez un abîme
« de colère, d'impatience, d'immortification, et dans
« celui de Jésus vous trouverez un abîme de douceur,
« de mansuétude, de patience et de mortification ;
« enfin dans votre cœur, vous trouverez un abîme de
« défauts et de péchés, et dans celui de Jésus un
« abîme de sainteté et tous les trésors des vertus ».

Puis il laisse entrevoir le résultat prévu de cette étude comparée du cœur de Jésus avec notre pauvre cœur :

« Ces considérations vous porteront à vous humi-
« lier, à désirer de devenir meilleurs, et à prier le Bon
« Jésus de vous faire part de ses richesses. — A côté
« du cœur de Jésus, vous ferez bien de placer le cœur
« du Saint dont l'Eglise fait la fête, et de considérer
« comment ce cœur est parvenu à se remplir de l'Es-
« prit de Jésus, et à lui devenir semblable ; vous
« prendrez la résolution de travailler comme lui à

« imiter Notre Seigneur, vous vous proposerez sur-
« tout de travailler pendant la journée à acquérir la
« vertu qui a plus particulièrement distingué ce saint,
« et de l'invoquer pour cela plusieurs fois dans le
« jour ».

« Pourquoi notre avancement dans les voies de Dieu
« est-il si souvent paralysé ? N'est-ce point chez nous
« trop de mobilité dans l'esprit ou une certaine répu-
« gnance à nous astreindre à l'étude de ce divin mo-
« dèle ?

« Pourquoi changeons-nous si souvent de sujet
« de méditation ? dit-il, il n'y a qu'une seule chose
« nécessaire, c'est Jésus-Christ. Méditons sans cesse
« sur ce sujet, car il est inépuisable. Notre Seigneur
« nous a dit : « Je suis la voie, la vérité et la vie ».

Et voici le suave commentaire qu'il fait de ces paroles ; c'est bien là le secret de ces communications
intimes dont il était favorisé pendant les heures bénies, passées devant son crucifix :

« Je suis la voie, mais quelle voie ? La voie de l'hu-
« milité, la voie de la charité, de l'obéissance, de la
« patience, de la mortification, de la perfection, de la
« félicité et de la gloire. Si nous voulons devenir par-
« faits, si nous voulons parvenir à la félicité et à la
« gloire céleste, il faut nécessairement marcher dans
« cette voie ; mais, pour ne pas nous égarer, nous
« avons besoin d'un flambeau qui nous éclaire. Eh
« bien ! c'est encore lui qui nous servira de flambeau,
« car il est la vérité, et il nous déclare que celui qui
« le suit ne marche point dans les ténèbres, mais qu'il
« aura la lumière de vie.

« Nous avons aussi besoin de force pour nous sou-
« tenir dans cette voie et y persévérer. C'est encore
« Jésus qui sera notre force ; il a voulu devenir notre
« nourriture en se donnant à nous dans l'Eucharistie,

« et c'est pour cela qu'il nous dit : *Je suis la vie.*
« Dans le Crucifix, l'Evangile et l'Eucharistie, nous
« trouvons tout ce que nous pouvons désirer. Il n'y a
« pas d'autre voie, d'autre vérité, d'autre vie ; c'est à
« lui seul par conséquent que nous devons nous atta-
« cher, c'est lui que nous devons étudier, c'est à lui
« que nous devons recourir sans cesse ».

Enfin un moyen assuré de retirer un profit sérieux de nos méditations, c'est de suivre le conseil qu'il donne avec tant d'autorité relativement aux résolutions à prendre, croyons-en son expérience personnelle : « Soyez persuadé, mon cher ami, que si vous
« prenez deux résolutions à la fin de votre oraison,
« vous en prenez une de trop ; et que si vous en pre-
« nez une nouvelle chaque jour, vous arriverez à la
« fin de l'année avec tous vos défauts ; et pour
« étrennes au doux Jésus au premier de l'an, vous
« n'aurez à présenter qu'une montagne d'infidélités ».

La conduite des Saints en cette matière est un argument sérieux à sa thèse ; il ne saurait mieux faire pour nous encourager que de nous la proposer en exemple :
« *Si saint François de Sales et saint Vincent de*
« *Paul* eussent pris chaque jour une résolution nou-
« velle, jamais *saint François de Sales* ne serait par-
« venu à s'établir dans cette douceur admirable qui
« charmait tout le monde ; jamais *saint Vincent* n'au-
« rait acquis cette humilité si profonde dont il a été
« un si parfait modèle. Il est très important de s'en
« tenir toujours à la même résolution, jusqu'à ce qu'on
« soit parvenu à corriger entièrement le défaut que
« l'on s'était proposé de combattre, ou à acquérir la
« vertu dans laquelle on s'était proposé de s'établir ».

Aussi comme il est bien accrédité pour sanctionner cette doctrine par ce conseil final : « Tous les matins
« nous devons retremper notre résolution dans l'o-

« raison, afin d'agir ensuite avec plus de vigueur.
« Outre cela, il faut en faire la matière de son examen
« particulier, afin de se rendre compte à midi et au
« soir, de la fidélité avec laquelle on travaille à se cor-
« riger de ses défauts ou à avancer dans la pratique
« des vertus ».

Comment s'étonner qu'avec de telles maximes, notre jeune étudiant ait obtenu un tel empire sur lui-même que tous ceux qui l'ont connu en étaient dans l'admiration ?

Bientôt la divine Providence lui fournira l'occasion de produire ces vertus écloses dans le silence du séminaire, car la vie active n'est que le rayonnement de la vie intérieure ; quand en effet on veut posséder le secret des activités fécondes, il faut laisser de côté l'éclat et le bruit de la terre ; il faut descendre à ces profondeurs de l'âme où germent les grandes pensées, où se préparent les grandes actions. L'âme du Bienheureux Perboyre, sa vie intime, voilà l'explication des succès surprenants qui se manifestent dès le début de son ministère auprès de la jeunesse.

DEUXIÈME PARTIE

TÉMOIGNAGE D'UNE BELLE VIE

CHAPITRE PREMIER

ÉDUCATEUR EN FRANCE

I. — PREMIÈRES ARMES ET PREMIÈRE MESSE

1823-1825

> *« Nous venons de faire ce que faisait notre saint fondateur ».*
> (Au retour de la prison de Montdidier).

Dès le XIIIe siècle déjà, Montdidier et ses habitants avaient pour les écoles une sollicitude spéciale. Les bons chanoines de S. Augustin qui dirigeaient alors un établissement prospère dans cette ville, portait le nom de « *Maître des écoles* ».

Au XIIIe siècle, les enfants de S. Benoît viennent prendre leur place et sont confirmés avec éloge dans leur titre de nouveaux instituteurs. Furent-ils chargés de cette direction jusqu'à la fin du XVIIIe siècle, l'histoire locale ne nous laisse, hélas ! à ce sujet aucun document bien précis. Tout ce qu'il est permis d'affirmer, c'est qu'à l'époque de la révolution française, cette maison disparaît pour quelque temps ; mais, de même qu'après la tempête, l'épi courbé redresse fièrement la tête et achève de mûrir, de même elle reprend son ancienne splendeur et la période contemporaine s'ouvre avec les noms bénis des PP. VARIN et SCELLIER qui, tous deux, éminents collaborateurs de l'œuvre, ont laissé une mémoire chérie et vénérée.

En 1818, le collège de *Montdidier* était entré dans une phase nouvelle et les enfants de S. VINCENT en avaient reçu la direction des mains de l'Evêque d'*Amiens*, Mgr de Bombelles.

La gracieuse chapelle si chère à tant de générations d'écoliers, consacrée en 1824, s'était ouverte pour les saints exercices de la retraite annuelle ; c'est avec ces éléments si favorables à la piété que commençait le cours scolaire de 1825. Sous de si riants auspices M. PERBOYRE peut se livrer à une œuvre à laquelle il donnera tout son cœur de jeune apôtre. Il ne tient pas à lui de resserrer encore, si c'est possible, des sympathies consacrées par les siècles.

Avec ses confrères et sous l'heureuse impulsion de M. Vivier (C. M.), il s'attache à résoudre, par le procédé d'une bonté ferme mais paternelle, le grand problème de la meilleure éducation possible et s'efforce à faire, de ces enfants confiés à sa sollicitude, des citoyens dévoués à l'Eglise et à la France.

« Si vous aimez Notre Seigneur, lui avait dit le « vénéré supérieur de St-Lazare, allez travailler à sa « vigne et soyez un bon ouvrier de la première heure » ; docile à ces sages conseils, le jeune sous-diacre devient avec une prédilection marquée l'instituteur et l'évangéliste des enfants.

Les plus petits deviennent d'abord son partage :

COLLÈGE SAINT-VINCENT, MONTDIDIER (Somme).
Panorama superbe sur la Vallée du Dom.
(1823-1825).

c'est un beau début dans l'apostolat de la jeunesse. Est-il un ministère plus divin que celui-là ? Un grand maître de la vie spirituelle l'a écrit : « *Mettre la lu-* « *mière de Dieu dans l'intelligence de l'enfant, c'est* « *toute l'instruction; mettre l'amour de Dieu dans son* « *cœur et sa crainte dans sa conscience, c'est toute* « *l'éducation* ».

Ainsi l'a compris le professeur de Montdidier ; et se rappelant les disciples privilégiés de Jésus, « *aux-* « *quels il avait été donné d'entendre sans parabole les* « *mystères du royaume des cieux* », il enrôle les meilleurs d'entre ses écoliers dans une congrégation consacrée aux anges gardiens, estimant avec raison que c'est le levier le plus puissant pour soulever vers la vertu une maison tout entière. Mais la vertu qu'il leur prêche trouve en lui-même son modèle : « *puisque* « *notre congrégation est celle des anges, il est bien* « *juste qu'elle ait à sa tête un archange* », disaient ces écoliers qui l'auraient voulu pour chef. Les derniers survivants de cette époque, véritable âge d'or du collège de Montdidier, s'en glorifiaient encore aux fêtes de la béatification : « *Jésus-Christ était vraiment le souffle de ses lèvres* ». Aussi l'empreinte de ce nom divin sur cette page blanche qui s'appelait l'âme d'un enfant, y est demeurée chez eux ineffaçable à jamais.

Il aimait, sans doute pour réchauffer leur zèle, à rappeler à ces jeunes gens la croisade que vers le milieu du XII° siècle prêchait avec un zèle incomparable, PIERRE L'ERMITE, ce compatriote dont ils étaient fiers et dont *Clermont* garde encore le vivant souvenir. Lui aussi leur prêchait avec amour et par l'exemple la croisade si noble de la charité ; et quand, quelques années plus tard, OZANAM [1] se lèvera pour entraîner à

---

1. OZANAM (Ant. Frédéric), un des fondateurs des Sociétés si admirables de S. Vincent de Paul, 1813-1853.

sa suite sous la bannière de S. Vincent de Paul une
légion d'apôtres laïques et les initier au soulagement
des misères sociales et religieuses, il trouvera dans
leurs rangs des dévouements énergiques ; et, pour
combattre avec succès l'égoïsme contemporain, des
cœurs déjà dilatés sous le souffle brûlant de la charité chrétienne.

C'était depuis longtemps avant l'arrivée du « *petit
saint* » l'habitude à *Montdidier* de dire la messe, le
dimanche et les fêtes, aux prisonniers ; avec la bienveillance des autorités locales, on les visitait aussi
deux fois par jour, pour leur faire la prière du matin
et du soir, suivie d'une lecture sur les vérités de la
religion ; puis, venait la distribution des aumônes en
nourriture et quelquefois en vêtements, le tout assaisonné de bonnes paroles de consolation et d'encouragement. Aux restes des tables pieusement recueillis
au réfectoire, les écoliers, mûs par un sentiment de
compassion, ajoutaient fréquemment une portion du
dessert dont ils se privaient avec bonheur, pour procurer quelques adoucissements à ces malheureux. A
peine M. Perboyre est-il installé dans ses fonctions
que, se reposant sur son zèle et sa prudence, son supérieur lui avait confié le soin discret de ces distributions.

Sa charité industrieuse donne bientôt à cette œuvre
une impulsion nouvelle et sait créer un fonds de ressource destiné à alimenter la caisse de l'aumônier. Il
y affecte le produit des amendes imposées aux élèves
négligents, ou aux petits espiègles coupables de
quelques dégradations. Le patrimoine du pauvre est
ainsi bientôt constitué sur des bases solides.

« C'était tout simplement délicieux », écriront plus
tard les témoins ou les acteurs de ces scènes dignes
des temps évangéliques, « de voir le talent financier

« avec lequel il ménageait les ressources et parvenait
« chaque année à équilibrer son petit budget pour
« faire face aux exigences d'une saison rigoureuse.
« Tous les jours, à la récréation de midi, on le voyait
« sortir avec les élèves chargés de corbeilles et avides
« de le suivre ; il se dirigeait tantôt vers les prisons,
« tantôt vers les chaumières des faubourgs ; ses dis-
« tributions étaient faites avec beaucoup de sagesse,
« et il revenait couvert des bénédictions du pauvre
« et rempli d'une sainte joie, parce que, disait-il, je
« viens de faire ce que faisait notre Saint fonda-
« teur ».

Ainsi fut marqué le passage de M. Perboyre à
Montdidier. Et pour résumer ces deux années d'apostolat dans ce collège chrétien : comme professeur, il
sut avec les plus jeunes se plier aux faiblesses intel-
lectuelles de l'enfance ; et il donna dans son cours de
philosophie, la mesure de sa vive et profonde intelligence. Fondateur et directeur de la congrégation des
Saints Anges, il fut pour l'établissement un apôtre de
la vraie piété ; et, les jeunes générations sont fières
aujourd'hui de le saluer comme un de leurs plus puissants protecteurs.

Promu bientôt au diaconat, il est rappelé à Paris
pour s'y préparer à recevoir la consécration sacerdotale : « *Le Seigneur soit avec vous : Dominus vobis-*
« *cum* », tel est l'adieu chrétien du Maître ; tel est le
souhait du jeune diacre à ses chers élèves de Picardie.
Il n'oubliera jamais ces deux années de bonheur dans
cet asile qu'il a parfumé d'innocence et où il a tracé
un si large sillon, sous le regard de Marie.

Le voilà de retour à Saint-Lazare où, dans quelques
semaines il montera à l'autel du Dieu qui réjouit sa
jeunesse cléricale. Depuis longtemps, il est vrai,
M. Perboyre ne s'appartient plus ; mais, par la plus

sublime des consécrations, il va sceller son alliance avec Jésus.

Voici en quels termes touchants il annonce au *Puech* la réalisation de ses plus saints désirs : « Il est « donc déterminé, mon cher père, et il n'est déjà plus « bien loin le jour où le Seigneur doit imposer pour « jamais sur ma tête le joug du sacerdoce. Dans un « mois je serai prêtre, ce sera le plus beau jour de « ma vie. Il faut que la miséricorde de Dieu soit bien « grande pour se choisir des ministres si indignes ; « vous savez combien peu j'ai mérité cette faveur. « Quel bonheur pour moi si je pouvais recevoir la « prêtrise avec toutes les conditions requises ! Quelle « source de grâces pour moi et pour les autres ! ».

Puis, pénétré de son indignité et du besoin qu'il ressent de la force divine pour être à la hauteur de ces sublimes fonctions, il ajoute : « Suppliez, je vous « prie, Notre Seigneur, de ne pas permettre que j'a- « buse des grâces qu'il veut bien m'accorder. Dans « un mois, je serai prêtre, c'est le 23 septembre ».

Enfin, il fait un pressant appel aux prières de tous les siens ; le souvenir de sa mère et de tante Rigal, ces deux sœurs si admirables de foi chrétienne, est toujours bien vivace au fond de son cœur : « J'espère « que vous, ma chère mère, mes sœurs, tous mes pa- « rents, vous unirez tous vos prières pour attirer sur « moi les bénédictions du ciel ; je me recommande « spécialement aux prières de ma tante Rigal ».

Et comme autrefois saint Vincent, il priera Dieu d'être lui-même la récompense de ceux qu'il aime : « Vous en serez très amplement dédommagés, quand « j'aurai le bonheur de dire la sainte Messe; non pas « en vertu de mes propres prières, mais par les mé- « rites de celui qui s'offre à Dieu son Père entre mes « mains ».

Le devoir de la piété filiale une fois rempli, le silence se fait dans son âme ; et c'est, dans ces admirables dispositions qu'il entre en retraite avec deux de ses confrères auxquels la piété de l'ordinand arrachera plus tard cet aveu significatif : « *Il suffisait de porter* « *les yeux sur Jean-Gabriel pour sentir un accroisse-* « *ment de dévotion* ». Ainsi procédait le guerrier du moyen âge ; avant d'être armé chevalier, il se préparait à cet honneur par la « *veillée des armes* ». Conscient de cette dignité, dont il va être revêtu, le jeune diacre se recueille lui aussi aux pieds du Tabernacle dans la maison de Saint-Lazare pour recevoir cette armure divine avec M. TORRETTE qui le précède en Chine et M. MARTIN, appelé à devenir son successeur au séminaire interne de la mission.

La cérémonie de l'ordination d'un prêtre est toujours impressionnante ; mais qu'elle dut être suavement belle la scène qui se déroula au matin du 23 septembre dans la chapelle des Filles de la Charité. Comment renoncer au plaisir de vous en faire une courte relation !

Après avoir interrompu le saint sacrifice, le pontife, mitre en tête, se tourne vers les fidèles avec l'appareil si imposant des plus grandes solennités de l'Eglise. Devant lui, sont agenouillés les élus du sanctuaire dans la religieuse attitude de victimes prêtes pour l'immolation. C'est l'heure d'un engagement irrévocable au service des autels ; aussi se livrent-ils à une réflexion dernière. L'Evêque, avant de consulter l'assistance dans une exhortation courageuse et pleine de sens chrétien, s'adresse à l'Archidiacre en face du ciel et de la terre : « *Savez-vous,* s'écrie-t-il, *si ces jeunes* « *lévites sont dignes de cet honneur ? Scis illos dignos* « *esse* » ? C'est l'instant décisif dans la vie d'un jeune homme ; et, ceux-là, qui ont été les acteurs ou les témoins privilégiés de cette scène, sont seuls accrédités pour traduire ou interpréter les sentiments élevés qu'elle représente. Au jour de la consécration sacerdotale du jeune diacre, on se plaît à entendre le pontife poser cette question, si brève mais si expressive, au successeur de saint Vincent : « *Scis illum esse dignum ?* » Chacun devine aisément l'énergie et la confiance de sa réponse, en faveur d'un élu déjà précédé d'une telle réputation de sainteté ! « *Scio et testificor ipsum dignum esse* » : Je sais et j'atteste qu'il est digne d'être élevé à la charge de cet office.

Après ce témoignage public, les cérémonies du culte sacré se déroulent grandioses ; et revêtu de son nouveau caractère, PERBOYRE se relève de la dalle du sanctuaire prêtre pour l'éternité : « *Tu es sacerdos in* « *æternum* ».

Son bonheur est complet ; demain on le verra, tout animé de l'esprit de saint Vincent, qu'il a puisé au contact de ses reliques. Ne dirait-on pas qu'il s'efforce dans cette mémorable circonstance de sa vie, de se rapprocher de sa conduite ? Son bienheureux père avait grandi sous les auspices de N. D. de Buglose [1] dans la Lande déserte ; et, au lendemain de son ordination, dans la chapelle privée de Mgr François de BOURDEILLES, évêque de Périgueux [2], sa piété autant que son humilité, l'avait déterminé à célébrer pour la première fois les saints mystères dans le modeste oratoire de *N. D. de Buzet au diocèse d'Albi* [3].

C'est aussi dans un modeste sanctuaire que Marie

---

1. Pieux sanctuaire au diocèse d'Aire, où l'on vénère une madone séculaire. Voir l'historique de cet antique pèlerinage.

2. Chapelle épiscopale St-Julien. Auj. Église paroissiale de Château-Lévêque aux portes de Périgueux (Dordogne).

3. S. Vincent fut ordonné prêtre le 23 septembre 1600.
J. G. Perboyre reçut l'onction sacerdotale le 23 septembre 1825.

Immaculée honorera bientôt d'une de ses apparitions, que M. Perboyre offre à sa mère du ciel les prémices de sa ferveur sacerdotale.

Maintenant qu'il est revêtu de cet insigne honneur, le jeune prêtre s'applique plus que jamais à retracer en lui l'image du prêtre par excellence, « *à imiter ce qu'il touchait* » selon l'exhortation du pontife au jour de son ordination.

Ces sentiments, il les a consignés dans une fervente prière qu'il aimait à réciter tous les jours :

« *O mon divin Sauveur, faites que je sois changé* « *et tout transformé en vous ! Que mes mains soient* « *les mains de Jésus ! Que ma langue soit la langue* « *de Jésus ! Que tous mes sens et mon corps ne servent* « *qu'à vous glorifier ; mais surtout transformez mon* « *âme et toutes ses puissances ; que ma mémoire, mon* « *intelligence, mon cœur, soient la mémoire, l'intelli-* « *gence et le cœur de Jésus ! Oui, détruisez en moi* « *tout ce qui n'est pas de vous ; faites que je ne vive* « *plus que de vous, en vous et pour vous, afin que je* « *puisse dire aussi de mon côté, comme votre grand* « *apôtre : ce n'est plus moi qui vis, c'est Jésus-Christ* « *qui vit en moi* ».

Sa prière sera exaucée.

N. B. — Pour plus de détails sur le séjour du Bienheureux J.-G. Perboyre à Montdidier et les Fêtes de son centenaire, consulter l'*Histoire du Collège de Montdidier*, 2 beaux volumes in-4°, de l'imprimerie J. Bellin. Prix 7.50. Edit. de luxe 10 fr.

II. — Dans la Haute Auvergne

§ 1. — *Grand Séminaire (1825-1827)*

> *« Que ne suis-je digne d'aller remplir la*
> *« place que mon frère Louis laisse vacante !*
> *« Que ne puis-je aller expier mes péchés par*
> *« le martyre ! »*
>
> (A son oncle de Montauban, 1831).

Il est prêtre ; c'est sa première couronne. Aussi les prémices de son zèle sacerdotal seront-ils consacrés à de jeunes lévites, presque ses compatriotes ; et *St-Flour* le verra bientôt embaumer du parfum de ses vertus le séminaire de ce beau diocèse où ses pieux devanciers ont laissé, avec d'impérissables souvenirs, les plus vivantes traditions de vie religieuse. Avec quelle sainte fierté il recueille cet héritage ! Sous la direction de MM. Trippier et Grappin, prêtres de la Mission, ces hommes mûris par les épreuves, en qui vivent encore la grandeur d'âme et la dignité du siècle disparu, M. Perboyre s'adonne généreusement à la formation des lévites du sanctuaire. Tout porte au recueillement dans cet asile si cher aux enfants de saint Vincent.

« Sur le flanc du mont *Indiciel*, où vers le milieu

Grand Séminaire de Saint-Flour (Cantal).

(1825-1827).

« du xie siècle s'était implanté un monastère célèbre
« et qu'Odilon avait ceint d'une double muraille, se
« dresse aujourd'hui avec un cachet de sévérité une
« construction grandiose dont le plan et l'architec-
« ture rappellent l'ancien établissement de *St-Lazare*
« à *Paris* : c'est le *grand Séminaire*. Si, à l'ombre de
« l'ancienne clôture monacale, les populations du
« moyen âge aimaient à se grouper pour rechercher
« la protection matérielle et l'appui religieux, on
« peut affirmer sans crainte d'être contredit que la
« jeunesse de la contrée s'y donnait rendez-vous
« pour y recevoir avec le développement intellectuel
« la science sacrée du saint ministère » [1].

Grâce au dévouement du jeune directeur, cette
œuvre capitale, si chère au cœur de saint Vincent,
reçoit une impulsion nouvelle ; et, l'on verra bientôt
avec bonheur s'épanouir dans le clergé toute une
floraison de vertus.

D'une aménité parfaite, d'une piété consommée, le
nouveau venu dans cette milice sainte se distingue
encore par cette pénétrante intuition qui lui permet de
dénouer les plus inextricables difficultés ; et, les survivants, ses élèves, à la nouvelle de son martyre en Chine,
aimeront à remercier le ciel d'avoir reçu ses leçons et
de travailler à la sanctification des âmes dans leur
paroisse respective à l'ombre de son nom tutélaire.

Ne l'avaient-ils pas déjà canonisé de son vivant, ce
bien-aimé directeur de leurs âmes ? « *Voyez-vous*
« M. PERBOYRE ? *C'est un saint, qui sera un jour sur*
« *les autels !* » Que de fois cette parole de conviction s'était trouvée sur les lèvres de ces jeunes gens !
Ainsi se propageait cette réputation de sainteté qui le

----

1. Extrait d'un discours prononcé par M. MILON, prêtre de la
Mission, dans la chapelle du Grand Séminaire de St-Flour.

poursuit dans les différents postes où le place la bonne Providence.

Maître consommé dans l'*enseignement dogmatique*, il occupe cette chaire avec un certain éclat. Mais toujours fidèle à ses principes il va chaque matin puiser aux pieds du crucifix les lumières nécessaires; nouveau Thomas d'Aquin, c'est devant l'image de son Jésus qu'il prépare son cours, c'est dans ces colloques suaves qu'il trouve cette onction si pénétrante qui captive ses jeunes auditeurs.

Aussi, comme on aime à l'entendre interpréter la doctrine et les écrits du saint apôtre, expliquer les dogmes les plus élevés de la Trinité et de la Grâce avec plus de facilité qu'il n'aurait exposé le catéchisme aux enfants ; et dans ses développements des secrets de la mystique divine, il est si prompt, si naturel, qu'il laisse voir malgré lui que dans sa docile intelligence le divin esprit répandait à profusion ses lumières et ses trésors de sainteté.

Ici se place un incident qu'on nous reprocherait de passer sous silence, en face de ce courant d'idées nouvelles préconisées par une certaine catégorie d'exégètes.

Pénétré de la pensée que les souverains pontifes ont été établis par notre divin Sauveur pour donner à son Eglise et la direction et la lumière, M. PERBOYRE avait pour tout ce qui émanait de leur part une déférence entière et parfaite. Il ne se serait regardé ni comme le disciple de Jésus-Christ, s'il ne l'avait révéré dans la personne de son représentant, dépositaire de son autorité, ni comme un enfant de saint Vincent, s'il n'avait imité son dévouement filial au Saint-Siège. Aussi propose-t-il l'humble soumission et la déférence à ses décrets comme le criterium infaillible pour distinguer les fils soumis de ceux qui lui sont rebelles. Et il ne laisse échapper aucune occasion de manifester son attachement et son obéissance pour le vicaire de Jésus-Christ sur terre.

Le fait suivant relaté par un savant prélat qui l'honorait d'une très haute estime, en fournit un éclatant témoignage : M. PERBOYRE avait adopté le système de Lamennais qu'il croyait propre à contribuer au bien de l'Eglise. Sous les yeux de l'évêque de *Saint-Flour* le jeune directeur soutenait ses sentiments avec vigueur; et loin de le trouver mauvais, celui-ci aimait à s'entretenir avec lui sur ces matières. Mais à la nouvelle que ces doctrines viennent d'être déférées en cour de Rome, il se retranche dans un religieux silence, pour attendre son jugement; pas de meilleur moyen à son avis, pour couper court à toutes les hésitations et mettre un terme à tant d'incertitudes. On sait même, de source certaine, que quelques mois avant la condamnation de Lamennais, Dieu dans son oraison lui avait fait connaître tout ce qu'il y avait de faux dans ses doctrines. Par suite de cette lumière intérieure il avait prévu le résultat et indiqué même les motifs sur lesquels s'appuierait le Souverain Pontife. Plus tard ce prêtre distingué qu'il avait admis dans son secret, fut (après la lecture de l'encyclique de Grégoire XVI) saisi d'un profond étonnement, en y découvrant toutes les raisons alléguées par le serviteur de Dieu.

Aussitôt la sentence fulminée, M. PERBOYRE y souscrit et de cœur et d'esprit, ne cessant même d'en bénir le Seigneur. Cependant, de l'avis de quelques prêtres, cette condamnation ne porte pas sur son auteur; il l'apprend et dans ce conflit d'opinions si dangereuses, son cœur est en proie à une profonde tristesse; après les avoir recommandés à notre Seigneur devant le Tabernacle, il travaille avec ardeur à les éclairer. Ses conseils et sa prudence portent leurs fruits, et bientôt il a la consolation de les voir rejeter tout ce que Rome a rejeté. Et si d'autres, choqués de certaines expressions de l'Encyclique, lui témoignent leur surprise de ce que Lamennais et ses partisans n'y sont pas traités avec assez de ménagements, il s'empresse de confier sa douleur à la Très Sainte Vierge pour exercer sur ces esprits fâcheux une heureuse influence. Tour à tour il leur représente leurs torts dans leur manière d'agir, les raisonne avec les arguments de la foi et conclut son entretien par ces paroles graves qu'il faudrait inscrire au frontispice de nos séminaires :

« Prions Dieu qu'il nous préserve de jamais trouver
« à redire aux paroles du Souverain Pontife ; c'est à
« lui que Jésus-Christ a dit : Vous êtes pierre et sur
« cette pierre j'établirai mon église et les portes de
« l'enfer ne prévaudront pas contre elle. Recevons les
« paroles du Saint Père comme nous recevrions les
« paroles même du Maître divin car c'est Jésus-Christ
« lui-même qui parle par sa bouche ; et, si le Sauveur
« en parlant à ses disciples nous a dit : qui vous
« écoute m'écoute et qui vous méprise me méprise, à
« combien plus forte raison le mépriserions-nous, si
« nous ne recevions pas avec respect et avec humilité
« les paroles de celui qui est son image vivante sur la
« terre ! »

§ 2. — *Supérieur de la Pension ecclésiastique* [1].

1827-1832

L'heure a sonné pour lui de révéler avec ses facultés pour la conduite d'une maison, ses ressources pour le maniement des esprits. Mais surtout, en dépit des précautions de son humilité, toutes ses démarches trahissent de plus en plus les trésors de piété et de vertus sacerdotales que recèle son âme et qui ne cessent d'y croître pour la plus grande gloire de Dieu.

A la vue de ce supérieur de 25 ans, plus d'un père et d'une mère conçoivent et manifestent même quelques craintes. Mais il ne tarde pas à prouver qu'il est prêtre, dans toute l'acception et selon la pleine étymologie du mot ; et que sous les traits d'un tout jeune homme, il cache la maturité de la vieillesse.

Le fardeau de l'établissement qu'il dirige retombe en partie sur le Supérieur chargé en même temps de la question financière. S'il se préoccupe de maintenir ou plutôt de rétablir sa prospérité matérielle, il n'oublie pas qu'il doit sa sollicitude la plus attentive aux pierres vivantes confiées à ses soins et que son premier comme son plus grand devoir est de travailler à instruire et surtout à élever en chrétiens ces enfants devenus les siens par la plus tendre des adop-

---

1. Aujourd'hui un des établissements diocésains avec le petit Séminaire de Pleaux.

tions. Si un païen, si Quintilien [1] disait que dans l'œuvre de l'éducation, ce qui doit prévaloir sur tout le reste, c'est la culture de l'âme et qu'il faut former la jeunesse à la science de bien vivre avant de les exercer à bien parler, que devait penser un chrétien, un prêtre qui voyait dans toutes les jeunes âmes, dont il aurait à répondre un jour, le prix du sang de Jésus-Christ?

Son premier mouvement est l'épouvante : le second est la confiance en Dieu : « *Dieu seul* », répète-t-il après ces heures du jour et de la nuit passées dans la lumière de l'adoration et de la méditation en présence des autels. Dès lors Dieu est engagé à lui, comme il est engagé à Dieu et le Tout-Puissant devient le grand, le seul supérieur de l'établissement.

Laissons Mgr Baunard [2] nous édifier sur la mission d'un supérieur dans une communauté; en quelques lignes cet éloquent panégyriste nous montre M. PERBOYRE à l'œuvre, tout pénétré de ses délicates fonctions :

« Le supérieur d'une maison d'éducation, c'est,
« avant tout, celui qui prie plus que les autres et prie
« pour tous les autres :

« Lorsque je suis en oraison, disait le saint reli-
« gieux, je rends d'abord hommage à Dieu ; puis je
« réfléchis sur mes propres besoins, sur ceux des
« maîtres, des enfants et de tous ceux qui composent
« le personnel. Ensuite je supplie Notre Seigneur
« d'accorder à chacun ce qu'il lui faut ».

Voilà le grand maître et dispensateur de toutes choses.

---

1. Potior mihi ratio vivendi honestè quàm vel optimè dicendi videretur ». — Inst. Oratore, I. 1.

2. Mgr BAUNARD, recteur des Facultés catholiques de Lille, a prononcé deux superbes discours, à l'occasion des fêtes de la Béatification.

« Le supérieur, c'est aussi celui qui travaille plus que les autres. Aussi le voit-on se multiplier, surveiller tout, diriger tout, il n'y a que de lui-même qu'il ne s'occupe pas, se déclarant d'ailleurs seul responsable des manquements de tous : « *Si j'avais fait ainsi, cela ne serait pas arrivé* », répète-t-il humblement.

« Un supérieur pour lui, c'est surtout celui qui dans la maison aime plus que les autres : « *Oh! que l'enfance est digne d'amour et de respect!* » se plaît-il à redire. Et les maîtres, et les serviteurs, et les malades, comme il les soigne et se dévoue à eux! Et ces enfants comme il les exhorte et les reprend! avec quelle autorité, avec quelle bonté, et que la bouche parle bien ici de l'abondance du cœur!

« Enfin le supérieur est à ses yeux celui qui dans la maison souffre plus que les autres. Le Père OLIVAINT disait : « *Quand Jésus-Christ envoie sa croix à une* « *communauté, il la plante et l'enfonce d'abord dans* « *le cœur du supérieur* ».

« La croix, et en particulier la croix du dévouement, ne manque pas dans cette pension naissante qui ne compte que 34 élèves : « Que voulez-vous, répond-il, « nous sommes si heureux d'être comme Jésus-Christ « qui n'avait pas une pierre où reposer sa tête ». Et quand on crie famine à ses côtés : « Ayez confiance, « Notre Seigneur est assez riche, il nous donnera ce « dont il sait que nous avons besoin ».

« M. PERBOYRE souffre surtout de la croix du péché et il se fait volontairement victime pour les pécheurs : « Mon ami, disait-il à un enfant indiscipliné, que de « tristes moments vous me faites passer aux pieds de « Jésus-Christ en croix » ! Il ne se contente pas de gémir ; et si vous en voulez connaître davantage, interrogez ceux qui le surprennent sanglotant et se meurtrissant aux pieds du crucifix, comme le fera plus tard LACORDAIRE au soir du Vendredi Saint. Ne nous étonnons pas dès lors que la faveur publique arrive à cette maison sur laquelle le ciel s'ouvre et fait pleuvoir ses grâces ; elles sont achetées à ce prix. C'est la perpétuelle puissance d'attraction des établissements que dirigent les saints ; c'est l'immortelle supériorité des œuvres de l'Eglise ».

L'année 1830 trouve M. PERBOYRE dans l'exercice de ses délicates fonctions ; dans cette alternative de joies et de tristesses, son cœur est loin de rester indifférent.

Le 24 avril 1830 avait lieu l'inoubliable cérémonie de la translation des reliques de *S. Vincent de Paul.* Parti de Notre-Dame de Paris (cette basilique incomparable de Philippe Auguste et de S. Louis) le cortège s'était rendu à la chapelle de la nouvelle résidence des Lazaristes, au milieu d'un grand concours de peuple, heureux d'exalter ainsi ce grand apôtre de la Charité.

Puis, des événements de la plus haute importance pour la France, succèdent à ces jours d'allégresse. Après vingt jours de campagne signalés par les plus beaux faits d'armes, l'armée française faisait le 5 juillet de cette même année, son entrée triomphale dans les murs d'Alger ; plus heureux que ses devanciers Charles Quint en 1541, Louis XIV en 1682 et 1686, les Anglais en 1616, Charles X, en la personne du général de Bourmont, commandant en chef de l'expédition, voyait enfin sur l'orgueilleuse Casbah (la citadelle musulmane) flotter le pavillon français vengé de l'outrage beylical, la Méditerranée affranchie, la piraterie détruite, la religion triomphante. Ainsi l'œuvre que trois siècles avaient appelée de leurs vœux se trouvait accomplie.

A cette victoire inespérée, grand fut l'enthousiasme de la France. C'était une belle page ajoutée à notre histoire militaire par l'héroïsme de nos soldats. Le lendemain à Staouéli, on célébrait la première messe sur un autel de gazon improvisé sous le feuillage dans le camp de Sidi-Ferruch. Ce sacrifice semblait sanctionner le retour de la civilisation chrétienne sur cette plage si longtemps vouée à la barbarie, sur ce sol empourpré du sang de milliers de martyrs. Bientôt aussi le canon des Invalides tonne à Paris ; et, le *Te Deum* chanté à Notre-Dame devant le roi escorté d'une cour brillante, ne semblait pas faire pressentir les malheurs d'une révolution sanglante qui devait plonger dans le deuil le trône séculaire de nos rois et ébranler la France de nos pères.

Quelques jours plus tard Charles X quittait le château royal de *Saint-Cloud* avec sa famille, laissant la régence du royaume au duc d'Orléans. Vaines avaient été toutes les tentatives pour sauver la royauté française, et l'infortuné monarque, plus malheureux dans sa victoire que les vaincus dans leur défaite, allait chercher un asile sur la rive étrangère, voué aux caprices les plus bizarres de la fortune. C'est à *Goritz* (Autriche), qu'il mourra enseveli dans les plis de ce drapeau, vieux témoin de tant de journées héroïques, qui depuis Jeanne d'Arc jusqu'à Suffren, avait abrité tant de faits d'armes éclatants, tant de dévouements sublimes, tant de triomphes historiques.

Au lendemain de ces joies et de ces tristesses nationales, Dieu réservait à la France un témoignage éclatant de son amour, en même temps qu'il honorait d'une façon si singulière les enfants de Saint-Vincent. On devine à quels pieux sentiments le cœur de M. Perboyre fut aux prises ! Son âme était encore toute parfumée des grâces de l'ordination et sa pensée se reportait souvent vers ce gracieux sanctuaire appelé à devenir le théâtre d'étonnantes merveilles. Une humble Fille de la charité y fut favorisée d'une vision prophétique dont l'influence religieuse devait s'exercer plus tard sur l'Eglise et sur notre chère patrie. Ce fut pour Catherine Labouré la récompense de son ardente dévotion à Marie Immaculée ; on connaît les détails de cet événement et comment l'autorité diocésaine se décidait à faire frapper cette médaille miraculeuse dont la diffusion devait préparer les esprits à la croyance de l'Immaculée Conception et hâter la définition de ce dogme si consolant qui devait ajouter un si beau fleuron à la couronne de notre Mère du ciel.

C'était le 27 novembre 1830. Quelques mois plus tard, lui arrivait de Chine la triste nouvelle de la mort de Louis, survenue pendant la traversée qu'il avait entreprise pour voler à la conquête des âmes. On juge de son émotion fraternelle ; bientôt cependant il ira prendre sa place dans les rangs des témoins du Christ.

Après avoir payé à Louis le juste tribut de ses prières et de ses suffrages au saint Autel, M. Perboyre écrit à ses parents pour les consoler en cette triste conjecture :

« Mon cher père et ma chère mère,

« Mêlons nos pleurs, unissons nos prières : notre cher
« Louis n'est plus ! Quelle douloureuse nouvelle pour vous,
« pour moi, pour toute la famille ! Lorsque l'année der-
« nière il quitta la France, nos âmes se trouvèrent accablées
« par le poids du sacrifice que nous imposait une si dure
« privation. Mais nous ne pensions pas, pendant que nos
« regrets et nos vœux l'accompagnaient à travers les mers,
« que la mort viendrait si tôt mettre le comble à notre dé-
« solation.

« Hélas ! dans ses impénétrables mais adorables con-
« seils, Dieu nous réservait cette épreuve ! Nous ne pou-
« vions perdre ni vous un meilleur fils, ni moi un meilleur
« frère. Toutefois, mes chers parents, ne nous livrons pas
« à une tristesse excessive : nous avons bien des motifs de
« consolation. Nous pouvons croire que notre cher Louis
« avait conservé son innocence baptismale. Dès ses plus
« tendres années, il s'est trouvé à l'abri de toutes ces occa-
« sions si funestes à tant d'autres, et il a été soigneusement
« élevé à l'ombre des autels. Une courte vie a eu pour lui
« tout le prix d'une longue carrière, et à la fleur de la jeu-
« nesse, il a été jugé mûr pour le ciel. Il doit jouir déjà de
« la récompense de ses belles vertus. Que sa gloire doit être
« grande ! Notre Seigneur, fidèle à sa parole, s'est plu à
« lui accorder ce bonheur ineffable qu'il promet à ceux qui
« quittent tout pour lui, père, mère, frères, sœurs, etc.
« N'ayons pas d'inquiétude pour ses derniers moments.
« Notre Seigneur, la Sainte Vierge, son Ange gardien et
« ses saints patrons lui auront prodigué des soins beaucoup
« plus assidus que ceux d'un père, d'une mère, d'un frère,
« d'une sœur. La providence de Dieu est bien douce, bien
« admirable à l'égard de ses serviteurs, et infiniment plus
« miséricordieuse que nous ne pouvons le concevoir. Bénis-
« sons donc le Seigneur de ce qu'il s'est formé deux élus
« parmi vos enfants pour être dans le ciel les protecteurs
« de la famille. Leurs exemples doivent aussi nous ins-
« truire. Méprisons le monde, détachons-nous de toutes les
« choses de la terre, attachons-nous à Dieu seul et à son
« service ; nous ne recueillerons à la mort que ce que nous
« aurons semé pendant la vie.
« Je dirai souvent la messe pour Louis et Mariette, mais
« il faut en faire dire de votre côté ! Nous ne savons pas
« jusqu'à quel point ils ont eu à satisfaire à la justice di-
« vine ».

Deux jours après il écrit aussi à son oncle en termes
touchants ; et, dans cette correspondance, se révèlent
les sentiments de foi vive dont il est animé :

« Mon très cher oncle,

« Oh ! non, vous ne pouviez pas m'annoncer une nouvelle
« plus affligeante que celle de la mort de Louis. Qu'avais-
« je de plus cher parmi les hommes que ce pauvre frère. Je
« suis inconsolable. Mon cœur est déchiré , des ruisseaux de
« larmes ne cessent de couler de mes yeux ; j'en arrose tous
« les jours les autels et le dernier signe de tendresse que m'a
« donné ce cher frère, la lettre qu'il m'écrivait en quittant
« l'île Bourbon, le 30 mars, peu de jours avant sa mort.
« Oh ! mon bien aimé frère, depuis bientôt un an, ton corps
« est enseveli dans les profonds abîmes de la mer, et ton
« âme repose dans le sein de la divinité.

« Dédommage-nous de notre douleur par ta bienheureuse
« protection, et obtiens à ceux qui te pleurent la grâce de
« partager un jour ta gloire et ton bonheur. Je ne doute pas
« que Louis ne jouisse déjà de la gloire céleste, et dans
« cette pensée je me dis : Pourquoi êtes-vous triste mon
« âme, et pourquoi m'affligez-vous ? Mais la nature !...
« Oui, mon très cher oncle, vous avez préparé en Louis un
« élu au Seigneur. Au moins vous n'avez pas perdu toutes
« les peines que vous avez bien voulu vous donner pour
« nous. Après avoir mené une vie angélique sous vos aus-
« pices et puisé à sa source l'esprit de son état, dévoré de
« zèle pour le salut des âmes, il s'est élancé à travers les
« mers, cherchant la mort des martyrs. Il n'a trouvé que
« celle d'un apôtre. Que ne suis-je trouvé digne d'aller
« remplir la place qu'il laisse vacante ! Que ne puis-je
« aller expier mes péchés par le martyre après lequel son
« âme innocente soupirait si ardemment ! Hélas ! j'ai déjà
« plus de trente ans, qui se sont écoulés comme un songe et
« je n'ai pas encore appris à vivre ? Quand donc aurais-je
« appris à mourir ! Le temps disparaît comme une ombre
« légère et sans nous en apercevoir nous arrivons à l'éter-
« nité ».

C'est ainsi que M. Perboyre montrait combien les vérités de la religion sont efficaces pour adoucir les plus grandes amertumes. Loin de se laisser abattre par un coup si terrible, il en prend occasion de s'attacher plus fortement à Dieu.

III. — DIRECTEUR A SAINT-LAZARE.

1832-1835.

En vrai missionnaire, M. PERBOYRE quitte ses chers enfants de St-Flour, prêt à de nouveaux sacrifices. C'est à Paris qu'il doit se rendre, pour occuper un poste de choix où il travaillera à briser les dernières attaches de sa volonté. Qui sait aussi, si, dans ses délicates fonctions, le saint directeur n'entrevoit pas un moyen plus assuré de réaliser des espérances qu'il caresse depuis si longtemps ? Au contact des reliques de S. Vincent, il réchauffera son zèle apostolique et la Chine (dont la pensée l'obsède encore davantage depuis le départ de son frère Louis pour la mission du ciel), la Chine lui ouvrira peut-être un jour le chemin du Martyre.

Cependant, bien loin *d'enjamber sur la Providence* (suivant la pittoresque expression de S. Vincent de Paul), il s'applique généreusement à la formation de ces jeunes âmes dont il a la conduite. Cette marque de confiance de ses supérieurs est pour lui un puissant

M. Jean-Gabriel Perboyre
Directeur du Séminaire Interne
de la Congrégation de la Mission.
(1832-1835).

encouragement. Avec l'apôtre il peut s'écrier : « *Quos* « *iterum parturio, donec Christus formetur in vobis* ». C'est là sa règle de conduite ; il aura bien garde de s'en départir, malgré ses répugnances et les soucis d'une santé délicate. En ne consultant que ses goûts et ses attraits si connus, il eût préféré la Chine à cette distinction due à son mérite, la Chine avec ses chinois idolâtres, la Chine de ses rêves d'antan, la Chine où il a le secret pressentiment d'une vie plus en harmonie avec les aspirations de son zèle apostolique, mais ce n'est pas encore l'heure de Dieu ; aussi voyez-le mortifier en lui les sentiments de la nature et savourer pour ainsi dire le bonheur du renoncement évangélique.

Il s'humilie d'abord dans une prière fervente pour mériter les grâces et les bénédictions si nécessaires à ses nouvelles fonctions ; il y déploie une prudence et un zèle couronnés bientôt des plus heureux succès. Habile à discerner les esprits, on aime à le voir se faire tout à tous, et conduire chacun par la voie la plus conforme à son tempérament. Rien de précipité dans ses démarches ; il sait attendre et fermer les yeux sur les imperfections humaines ; et, si parfois il lui paraît expédient de parler ou d'agir avec fermeté, ses procédés sont de nature à ne blesser personne.

Gagner la confiance de ses séminaristes, en faire des instruments dociles sous la main de Dieu, tel est son unique préoccupation de tous les instants. C'est au cœur qu'il s'adresse, cherchant par tous les moyens à y développer l'amour de leur vocation. La sienne, il l'aime tant ! Pour la suivre, que de sacrifices ne s'est-il pas imposé ! Aussi travaille-t-il, dans ses exhortations et ses conférences, à inculquer à tous les sentiments généreux d'un prêtre de Jésus-Christ et du vrai missionnaire de S. Vincent.

Les âmes tentées sont plus particulièrement l'objet de sa paternelle sollicitude. Un mot lui suffit pour apaiser les plus grands troubles et calmer des tentations suscitées par l'ennemi des âmes, pour créer des situations où l'on s'avoue vaincu.

A l'un dont la mère est malade et qui, de ce fait, tombe en proie à une grande tristesse, il donne ce puissant réconfort qui dissipe bientôt ses illusions : « Mon cher ami, si j'allais moi-même consoler votre « mère, seriez-vous satisfait? — Sans doute, répond « le séminariste, et j'en éprouverais une grande joie. « — Eh bien! reprend le directeur, il faut vous « adresser à quelqu'un qui s'en acquittera beaucoup « mieux que moi. Je vous engage à lui envoyer votre « ange gardien et à prier aussi le sien de vous aider « pour ce charitable office ».

Inutile de l'ajouter ; le jeune homme vit bientôt ses doutes s'évanouir.

Dans une autre circonstance, il reçoit la confidence d'un de ses pénitents qui lui fait part des raisons graves qu'il croit avoir pour se retirer dans sa famille. Le saint homme de Dieu l'écoute avec bienveillance puis dit en souriant : « Quoi ! ce n'est que cela qui « vous effraie! continuez votre retraite, ce n'est rien ». Etonné de cette brève réponse, il le fut bien davantage de constater en rentrant dans sa cellule que ses craintes avaient été dissipées par ces paroles de bienveillance.

« Vous avez bien raison, dit-il un jour à un autre « qui éprouvait pour lui des sentiments d'aversion, « pour moi je ne comprends pas comment on peut me « supporter; si l'on me connaissait, on aurait de moi « une opinion bien plus triste encore ».

Si pour cause de santé, quelque séminariste était obligé d'aller momentanément dans son pays, il rece-

vait de ses nouvelles avec un vif intérêt et s'empres-
sait, en ses réponses dictées par l'esprit de foi, de lui
donner les conseils les mieux appropriés à sa position :

« Je vous remercie, mon cher Monsieur, écrit-il un
« jour, pour votre exactitude à nous donner de vos
« nouvelles ; elles n'ont pas été aussi agréables que
« nous l'aurions désiré, puisque votre santé est dans
« un assez mauvais état. Mais le ton de foi qui règne
« dans votre lettre, votre résignation et votre soumis-
« sion aux dispositions de la divine Providence nous
« ont beaucoup édifiés et consolés. Courage donc,
« mon cher Monsieur ; ne craignez ni les maladies ni
« la mort : dites seulement avec S. Paul : « *Je sais*
« *que ceci tournera à mon salut… selon mon attente*
« *et dans l'espoir que je ne serai point trompé. J'ai la*
« *confiance que Jésus-Christ sera glorifié dans mon*
« *corps, soit par la vie, soit par la mort, comme tou-*
« *jours ; car Jésus-Christ est ma vie et la mort m'est*
« *un gain* ». Les contrariétés que vous fait éprouver
« l'esprit du monde au milieu duquel vous vivez ne ser-
« viront qu'à vous en détacher de plus en plus et à
« vous faire soupirer sans cesse vers le Seigneur
« comme le prophète : « *Malheur à moi, parce que le*
« *temps de mon pèlerinage s'est prolongé ; j'ai habité*
« *sous les tentes de Cédar, et mon exil est bien*
« *long !* »

« Plus votre âme sera pure, plus elle désirera sortir
« de ce monde et se réunir à Dieu ; et plus elle
« éprouvera ce désir, plus elle travaillera à se purifier :
« *car nous gémissons dans le désir que nous avons*
« *d'être revêtus de la gloire de notre maison céleste…*
« *sachant que, tant que nous vivons dans ce corps, nous*
« *sommes éloignés de Dieu. C'est pourquoi nous dési-*
« *rons quitter ce corps, pour venir en la présence de*

« *Dieu, et c'est pour cela que nous nous efforçons de*
« *lui plaire* ».

Cette fonction toute divine, nous venons de le voir,
M. Perboyre la remplit divinement. Pour cette œuvre
d'instruction, l'évangile de S. Jean et les épîtres de
S. Paul lui fournissent le type révélé du prêtre et de
l'apôtre ; comment ne pas croire au témoignage de
ses disciples ? Ils ont raconté que ses paroles étaient
de feu lorsqu'il leur faisait le commentaire des livres
sacrés.

Mais c'est à la direction qu'il se consacrait surtout ;
est-il en effet une œuvre plus délicate et plus importante ? Ces jeunes gens de vingt à vingt-cinq ans que
lui envoient toutes les contrées de la France, il faut
les réformer, les former, les transformer, selon trois
mots célèbres, et puis à un jour donné, décider de leur
vocation, leur dire la grande parole de laquelle dé-
pendent leur vie et leur éternité.

Aussi, pour atteindre plus sûrement cette fin sublime, il peut leur proposer en exemple sa propre
vie dans laquelle Jean, Paul et Vincent semblent
revivre tout entiers. S'il les exhorte à la perfection,
sa vie en dit plus qu'il ne leur demande. C'est un fait
avéré par ses contemporains que les jeunes gens admis au séminaire étaient frappés de sa modestie, de
son recueillement et se sentaient pénétrés de vénération pour sa personne.

« La première fois que je le vis, dit un mission-
« naire, ce fut chez M. Étienne, alors procureur géné-
« ral de la congrégation. Ils étaient debout l'un et
« l'autre et moi en face des deux. M. Perboyre avait
« une attitude si humble et si modeste que je le pris
« pour un frère coadjuteur de la Compagnie, livré aux
« derniers emplois de la Maison Mère. A mon grand
« étonnement, M. Etienne semblait en faire grand cas

« et avait pour lui beaucoup d'égards. Cependant ce
« frère si pauvre, si silencieux qui avait pour moi
« l'air de Notre Seigneur souffrant me revenait, me
« faisait l'effet d'un saint ; et cette première impres-
« sion n'a fait que se fortifier de plus en plus à mesure
« que je l'ai connu davantage. Après sa sortie de la
« chambre, je restai stupéfait ; M. ETIENNE me dit
« que cet homme, si pauvrement vêtu, était le direc-
« teur du séminaire... »

Et après avoir passé en sa compagnie près de six
mois dans la plus grande intimité, le même missionnaire traduit ainsi ses impressions, sorties d'un cœur
tout imprégné d'édification :

« 'Depuis bien des années, j'avais envie de rencon-
« trer un saint : il me semblait que si Dieu m'accor-
« dait cette grâce, ce serait pour moi une bonne for-
« tune qui contribuerait à ma sanctification. Tout ce
« que j'avais trouvé jusque-là ne remplissait pas l'idée
« que je m'étais faite d'un saint. A la vue de M. PER-
« BOYRE, mes désirs semblaient exaucés. Il était si
« saint en effet que je ne lui ai pas vu commettre une
« faute en paroles ou en actions quoique je l'aie ob-
« servé moi-même à dessein. Toutes les vertus lui
« étaient si naturelles qu'elles semblaient être nées et
« avoir grandies avec lui ; il les pratiquait sans ef-
« fort, au moins en apparence, et n'avait qu'à se lais-
« ser aller aux habitudes de sa vie comme les eaux
« d'un fleuve qui s'échappent naturellement de leur
« source, en sorte qu'on ne savait pas distinguer en
« lui la nature et la grâce qui paraissaient confon-
« dues, tant elles étaient d'accord. La sainteté avait
« comme passé dans son sang et je ne sais si l'on
« peut être plus saint. Aussi j'avais dit plusieurs fois
« à des missionnaires mes confrères, avant son mar-
« tyre : *«Vous verrez que M. Perboyre sera canonisé».*

Il répétait souvent que certaines personnes sont par leur situation tenues tout spécialement à donner l'édification à leur entourage, et que leurs défaillances dans l'accomplissement de ce devoir sacré n'autorisaient en rien le relâchement des autres. Comme un jour il développait cette doctrine dans une conférence, un séminariste se croit indirectement visé par cet avis ; on lui avait confié la charge d'un petit office à la communauté. Après un examen sérieux sur la manière dont il s'en acquitte, il court demander au directeur en quoi il peut avoir mal édifié ses confrères, et s'attend à une explication documentée ; mais quelle n'est pas sa stupéfaction, en entendant cette réponse dictée par la plus profonde humilité : « Mon ami, « vous vous êtes trompé ; dans tout ce que j'ai dit, je « n'avais en vue que moi-même ! »

On n'oubliera jamais dans sa famille religieuse le petit incident qui le dépeint admirablement. M. PERBOYRE venait de quitter sa chambre et le même séminariste occupé à nettoyer le corridor ne s'en était point aperçu ; il continuait consciencieusement son exercice corporel et poussait les ordures sur lui. En s'apercevant de sa méprise, il se met aussitôt en devoir de lui faire des excuses pour une distraction dont il s'avoue honteux ; mais il l'est bien davantage de cette réplique : « Vous ne savez donc pas que je suis « la balayure de la maison ? »

Tel était le directeur que la Providence avait choisi pour la formation de ces ouvriers évangéliques destinés à travailler à la vigne de Dieu.

Déjà Notre Seigneur se révélait à lui dans des faveurs insignes, comme plus tard en Chine il lui apparaîtra pour le réconforter à l'heure suprême de son agonie.

IV. — EN AVANT ! DIEU LE VEUT.

21 Mars 1835.

> *« Ce fut le jour de la Purification que me*
> *« fut accordée la mission pour la Chine ; ce*
> *« qui me fait croire que dans cette affaire, je*
> *« dois beaucoup à la Sainte Vierge ».*
>
> (Lettre à son oncle).

Toute la belle vie de cet homme de Dieu, vie de
pureté et de charité, vie d'innocence et de zèle, vie
de pénitence aussi, qu'est-ce autre chose que les premiers apprêts de la victime qui sait que pour être
agréée de Dieu, il lui faut d'abord être une victime
sainte ? Cette offrande restait secrète, et se faisait
comme à voix basse. Cependant elle avait éclaté un
jour ; Jean-Gabriel avait un frère, deux fois frère
pour lui ; du même sang, de la même congrégation ;
frère aussi en amour de Dieu et du prochain, car il
venait de partir pour les missions de Chine, lorsqu'on
apprit sa mort pendant la traversée. Lui aussi avait
rêvé la couronne du martyre, cette couronne il la lé-
guait à son frère. Et M. Perboyre la réclame aussitôt
pour lui-même : c'est un bien de famille. Ecoutez-le :
« *Mon cher Louis*, écrit-il à son oncle, *s'est élancé à*

« travers les mers, cherchant la mort des martyrs. Il
« n'a trouvé que celle d'un apôtre. Que ne suis-je trouvé
« digne d'aller prendre sa place ! Que ne puis-je aller
« expier mes péchés par le martyre, après lequel sou-
« pirait son âme innocente ! » puis cette parole plain-
tive : *« Hélas ! déjà plus de trente ans écoulés comme*
« un songe, et je n'ai pas encore appris à vivre ! quand
« apprendrai-je à mourir ?»

Il veut hâter l'heure de ce dénouement ; car, s'il
faut une victime pure, JEAN-GABRIEL estimerait indigne de Dieu les restes d'une existence plus ou moins
méritoire. Sa résolution est prise ; au pied du tabernacle, Jésus lui a communiqué ses secrets et il en
parle hautement.

Il en parle à sa famille, à son père, à sa mère, à
son oncle, discrètement encore : il ne faut pas leur
mettre le glaive dans le cœur, mais il ne faut pas non
plus illusionner leur tendresse. « Vous êtes si faible
« pour partir ! lui objecte un des siens ; vous suc-
« comberez en route comme votre frère Louis. —
« J'espère être plus heureux que lui, et arriver. —
« Mais en Chine, vous pouvez vous attendre au mar-
« tyre? — Tant mieux! c'est tout ce que je souhaite ».

On sait à quelle école il a élevé ses novices. Il les
a conduits auprès des trophées du vénérable CLET, et
devant ces jeunes disciples il a étalé les instruments de
son supplice, gardés à une place d'honneur : « Voici
« l'habit qu'il portait ; voici la corde qui l'étrangla.
« Quel bonheur pour nous si nous pouvions avoir le
« même sort ! » Il leur fait toucher, il leur fait
compter, il leur fait baiser les taches de sang encore
empreintes comme des rubis sur un manteau royal.
Ce sang a une voix ; il lui parle d'abnégation et de
martyre ; ces instruments de supplice, ce sont les
armes qu'il a essayées avant le même combat.

On sait qu'au sortir de cette conférence, il était tout de flammes et que se penchant vers un des siens, il lui avait demandé une grâce : « Priez pour que ma « santé me permette d'aller en Chine, afin d'y prê- « cher Jésus-Christ et d'y mourir comme Lui ! »

Il a pris le mot d'ordre de S. PAUL, dont il transporte les accents enflammés dans chacune de ses lettres : « *Nous gémissons dans notre désir d'être revêtus* « *de la gloire, et de quitter ce corps pour venir en la* « *présence de Dieu* ».

Il en a parlé à ses supérieurs ; ceux-ci, avant d'exaucer ses vœux, ont fait appel à leur sagesse dans le gouvernement des âmes et, après de mûres réflexions, ils ont encore soulevé des craintes du côté de la santé. « Je suis trop faible, s'est écrié le jeune direc- « teur, mais j'ai vu des navires construits de matières « bien fragiles, et qui ont fait cependant plusieurs « fois le tour du monde pour les pauvres petits inté- « rêts de cette vie, et je ne me risquerais pas pour les « intérêts de l'Eternité !... »

Mais non ; il avait dû attendre, supporter pendant trois ans les délais du Seigneur, et soupirer dans une angoisse mortelle, après cette grâce que pendant plus de dix années, il avait demandée au moment de la consécration. Un jour même, il avait eu sa vision du Thabor. A l'élévation du calice, il fut élevé de terre et ravi en extase. On a des raisons de penser qu'il reçut alors la révélation de son futur martyre. Le colloque mystique, comme celui de Notre Seigneur sur la montagne de la Transfiguration, dut avoir pour objet les souffrances qu'il devait endurer. Après la messe, il dit au clerc, témoin de ce prodige : « Je vous or- « donne de garder le silence, jusqu'après ma mort, sur « ce que vous avez vu ». Devenu supérieur de Sainte- Anne d'Amiens, Monsieur AUBERT. C. M. garda fidèlèment son secret jusqu'au lendemain du martyre.

Le Seigneur a parlé, Marie est puissamment intervenue, les médecins se sont prononcés, les obstacles sont tombés, les dernières objections se sont évanouies et l'ardent apôtre vient d'obtenir la permission d'accompagner ses confrères en partance pour la mission de Chine ; autant il avait été patient et résigné pendant les jours de l'épreuve, autant on le voit calme et soucieux de disparaître lorsqu'une fois il est en possession de l'objet de ses désirs.

C'est par la prière et dans la retraite qu'il se prépare au grand jour du départ. Il y a bien là-bas au village, sous un toit de laboureurs, un père, une mère, à peine guéris de la blessure que leur a laissée la mort de son frère ; mais ils sont chrétiens eux aussi, et leur fils va les consoler d'une manière digne d'eux : « Cher père et chère mère, si là-bas j'avais quelque « chose à souffrir, ce serait à désirer et non à craindre ».

La lettre écrite à son oncle est plutôt un chant d'allégresse qu'une page d'adieux : « J'ai une grande « nouvelle à vous annoncer. Le Bon Dieu vient de me « favoriser d'une grâce bien précieuse et dont j'étais « bien indigne. Quand il daigna me donner la vocation « pour l'état ecclésiastique, le principal motif qui « me détermina à répondre à sa voix fut l'espoir de « pouvoir prêcher aux infidèles la bonne nouvelle du « salut. Depuis, je n'avais pas perdu de vue cette « perspective, et l'idée seule des missions en Chine « surtout, a toujours fait palpiter mon cœur. Eh « bien ! mon cher oncle, mes vœux sont aujourd'hui « enfin exaucés ». Si les dispositions des supérieurs ont changé à son égard, il le doit à l'intervention de Marie-Immaculée.

« Ce fut le jour de la Purification que me fut ac« cordée la mission pour la Chine, ce qui me fait

« croire que dans cette affaire, je dois beaucoup à
« la Sainte Vierge. Aidez-moi, s. v. p., à la remer-
« cier et à la prier de remercier Notre Seigneur pour
« moi. Je vais donc partir avec deux de nos jeunes
« confrères et plusieurs prêtres des Missions Étran-
« gères ».

Après avoir associé son oncle au bonheur de son
âme, il le charge d'apporter au hameau du *Puech* les
consolations de la foi : « Nous devons nous embar-
« quer au Havre vers le 10 du mois de mars, peut-
« être quelques jours plus tard. Je tâcherai de vous
« écrire encore un petit mot avant mon départ ; je ne
« puis vous exprimer combien je me sens heureux
« d'une si admirable vocation. Je ne doute pas que
« vous ne m'en félicitiez vous-même. J'espère que
« vous aurez la bonté de prier sans cesse pour moi,
« afin que Dieu daigne m'accorder les grâces dont
« j'ai besoin pour faire une traversée heureuse, pour
« vivre, souffrir et mourir en vrai missionnaire. — Je
« viens d'écrire à mes parents ; j'espère qu'ils sauront
« faire leur sacrifice en bons chrétiens. Vous voudrez
« bien, quand l'occasion s'en présentera, les consoler
« et les aider de vos bons conseils ... »

Aussitôt que le bruit du prochain départ de JEAN-
GABRIEL pour la Chine fut répandu à la Maison Mère
des Lazaristes, il y eut un étonnement général. On
était dans l'admiration, dans l'enthousiasme. S'il eût
voulu emmener avec lui séminaristes et étudiants,
tous se seraient estimés heureux de le suivre. Plusieurs
regrettaient vivement de n'avoir pas demandé cette
mission, pour devenir ses compagnons d'apostolat.

Son cœur reste sourd à toutes les sollicitations :
Un de ses cousins (en résidence à Paris) est venu
prendre de ses nouvelles, et comme pour le détourner
de ses projets, il étale devant ses yeux les souffrances

auxquelles il va s'exposer : « Quoi, lui dit-il, vous ne
« redoutez pas les fatigues, les privations et les dan-
« gers qui vous attendent au milieu de ces infi-
« dèles? — « Mon cher cousin, répondit-il, qu'est-ce
« que notre corps? Un peu de boue. Faut-il tenir
« tant à cela? Le Ciel ne mérite-t-il pas de plus
« grands sacrifices? »

Notre missionnaire avait inspiré de tels sentiments
de vénération que beaucoup de personnes désiraient
de lui un petit souvenir. Mais lié par son vœu de
pauvreté, il se refuse à toute distribution. Un de ses
parents sera seul l'heureux bénéficiaire d'une médaille
de l'Immaculée Conception : « C'est bien peu de chose,
« dit-il, veuillez ne pas considérer toutefois la modi-
« cité de ce souvenir, mais acceptez-le d'une per-
« sonne qui vous est très affectionnée ».

Voici l'heure des derniers adieux. Les membres de
la Communauté de Paris, qu'il a longtemps embaumée
du parfum de ses vertus, sont réunis dans la cour
d'entrée pour recevoir sa bénédiction. A leur tête, le
vénérable Supérieur de la Congrégation, Monsieur Do-
minique SALHORGNE ; malgré ses infirmités il est des-
cendu pour embrasser encore une fois l'un de ses plus
généreux enfants. On est ému jusqu'aux larmes et chacun se recommande à ses prières comme les premiers
chrétiens se recommandaient à celles des Martyrs,
lorsqu'ils volaient au supplice dans les amphithéâtres.

Enfin il faut se séparer, et, après avoir répandu son
âme au pied du Tabernacle, après avoir invoqué
Marie, sa tendre mère, S. JOSEPH, S. VINCENT dont il
quitte à regret les restes vénérés ; après s'être mis
sous la protection des Saints Anges, JEAN-GABRIEL
PERBOYRE s'achemine vers *le Havre* où il doit s'embarquer pour la Chine.

En avant ! Dieu le veut.

CHAPITRE II

APOTRE EN CHINE

I. — A TRAVERS L'OCÉAN.

Du Havre à Batavia — Samedi 21 Mars 1835.

> « *L'idée seule des Missions de Chine a tou-*
> « *jours fait palpiter mon cœur* ».
>
> (A son oncle, avant le départ).

« Me voici au Havre, depuis le seize courant,
« écrit-il à son oncle. Notre navire est déjà chargé,
« et l'on n'attend plus qu'un vent favorable pour se
« mettre en mer... Je réclame de nouveau le secours
« de vos prières ; vous sentez combien nous avons
« besoin de l'assistance du Seigneur ».

Il n'est pas seul pour cette traversée ; Dieu lui a
suscité de généreux imitateurs:

« Nous partons huit missionnaires, tous pleins de
« courage ; le vaisseau qui nous conduit est le même
« qui porta l'an dernier M. Baldus à *Batavia* en
« 3 mois ».

En deux mots, il trace la silhouette de l'équipage et paraît tout confiant : « Les chefs sont tout à fait « braves gens ; les matelots paraissent tout disposés à « nous respecter ».

Et ses parents sont résignés ; il en a l'assurance de M. le curé de Catus :

« J'ai laissé aussi mon frère et ma sœur très bien « disposés. Dieu veuille les bénir tous ! »

Le temps vient de tourner au beau ; et comme il faut escompter les caprices de la mer, le capitaine du bâtiment donne bientôt l'ordre d'appareiller pour gagner le large. On devine la joie des passagers au matin du 21 mars ; c'est un samedi, jour consacré à la Très Sainte Vierge. JEAN-GABRIEL y voit plus d'une coïncidence ; debout sur le pont du navire *l'Edmond* qui vient de lever l'ancre, il salue dans le ravissement, avec le port du Havre, les côtes de cette France où quelques années plus tard il reviendra en triomphateur.

Suivons-le à travers l'immense Océan ; de sa plume alerte, il retrace les émouvantes péripéties de ce voyage de trois mois et, suivant sa promesse, voici la relation qu'il en fait en date du 29 juin au digne M. Salhorgne, supérieur général de la Congrégation :

« Heureusement parvenus à Batavia, nous n'avons « rien de plus pressé que de répondre à votre attente... « Nous quittâmes la France tant aimée avec le calme « que nous avions en quittant Paris. J'admirais ces « dispositions que Dieu avait mises en nous, lors- « qu'un souvenir tendre et paisible comme une pensée « qui descend du ciel, préoccupa tout à coup mon « esprit. C'était le souvenir qu'il n'y avait pas encore « cinq ans, mon cher frère Louis s'était embarqué au « même port, pour faire le même voyage, et qu'il avait

« reçu sa récompense et sa couronne avant d'arriver
« au terme de ses désirs. Je me sentis intérieurement
« invité à mettre notre traversée sous sa protection ;
« mon âme s'éleva aussitôt vers lui avec confiance, et
« mes yeux furent inondés de larmes, mais de larmes
« douces et délicieuses ».

Ceux qui n'ont jamais entrepris de voyages au long
cours, liront avec un vif intérêt les incidents multiples
de cette longue navigation sur un bâtiment où ne
s'étalait point encore le confortable de nos superbes
paquebots : « Deux jours après le départ nous vo-
« guions à pleines voiles hors de la Manche ; un vent
« favorable précipitait notre course. Mais un roulis
« et un tangage violents et continuels rendirent si ma-
« lades les nouveaux passagers que pendant une
« semaine notre navire fut transformé en ambulance.
« Il n'était pas inutile de se rappeler alors que souf-
« frir fait la moitié du missionnaire... Cependant
« celui qui domine la puissance de la mer et modère le
« mouvement de ses flots nous accorda soulagement et
« consolation. Le 29, en vue de Madère, la tempête s'a-
« paisa et le beau temps nous rendit une nouvelle vie ».

Au milieu de telles épreuves et des incommodités
inséparables d'une navigation monotone, les consolations ne leur manquent pas : « Je pus dire la sainte
« messe ; ce que nous avons fait chacun à notre tour,
« presque tous les jours de dimanche et de fêtes. Oh !
« qu'on se sent heureux, sur ce vaste désert de l'Océan,
« de se retrouver de temps à autre en la compagnie de
« Notre Seigneur ! »

« Ce fut, dit-il, le jour de Pâques que nous pas-
« sâmes la ligne » ; d'après les traditions du bord,
tout passager devient acteur dans cette circonstance.
Mais au moyen d'un petit stratagème, ils en sont dis-
pensés : « La cérémonie usitée en pareille occurrence,

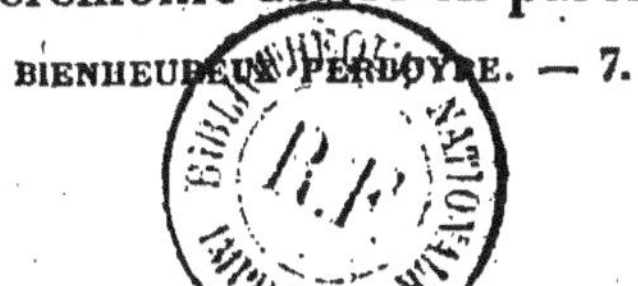

BIENHEUREUX PERBOYRE. — 7.

« fut renvoyée au lendemain. Une piastre, que chacun
« de nous donna aux matelots, nous exempta de tout
« autre rôle que celui de simple spectateur. Un mois
« après, nous doublions le cap de Bonne-Espérance
« par le 38e degré de latitude Sud. Il fallut modifier
« l'idée qu'on nous avait donnée de ces parages ; on
« nous les avait dépeints très redoutables et la mer fut
« aussi calme et bénigne que parmi les Canaries. Dieu
« nous ménagea pour nous permettre de soutenir les
« fatigues de la traversée dans la mer des Indes ».

Comme son goût littéraire se dessine dans la description de la tempête qu'ils ont à essuyer ! Ne croirait-on pas lire le travail de l'humaniste de Montauban?
Quelle terrifiante clôture du mois de mai! « Notre
« capitaine, qui navigue depuis 36 ans, n'en avait
« jamais vu d'aussi terrible ; elle dura douze heures
« dans sa plus rude intensité; des lames énormes
« montaient jusqu'au-dessus des hunes et s'abattaient
« sur le pont, où elles roulaient, d'un bout à l'autre,
« pêle-mêle, tout ce qui n'était pas solidement amarré.
« Une d'elles, après avoir donné une si violente
« secousse au flanc du navire que tout le lest se porta
« sur un côté de la cale, renversa subitement et jeta à
« quelques pas sur la dunette les deux hommes qui
« tenaient le gouvernail et enleva un canot qu'on ne
« revit plus. Les vagues écumantes, qui à chaque ins-
« tant s'élevaient presque à pic devant et derrière nous,
« étaient tout à la fois effrayantes et admirables, et
« comment alors ne pas chanter avec le prophète :
« *Les soulèvements de la mer sont admirables, mais*
« *le Seigneur est plus admirable encore dans la hau-*
« *teur des Cieux* ». Cependant nous possédions notre
« âme en paix, aimant à nous abandonner au bon
« plaisir de Celui qui conduit aux portes du tombeau
« et en retire. Il voulut bien nous faire sortir tous,

« sains et saufs, de cette horrible crise. Sur le soir,
« tous les missionnaires récitèrent en commun les lita-
« nies de la Sainte Vierge, l'*Ave Maris Stella*, et la
« pieuse invocation : O Marie ! conçue sans péché.
« Leur confiance ne fut point vaine; car à peine eurent-
« ils levé les mains vers l'étoile de la mer, que la tem-
« pête s'apaisa peu à peu. Cette tempête fut le seul
« incident un peu remarquable qui rompit la mono-
« tonie de notre navigation de France à Java ».

Entrés le 23 juin dans le détroit de la Sonde, le
26, matelots et passagers mouillaient à Batavia ;
« *Pour celui-là c'est un véritable saint* », disaient-ils
avec une touchante conviction au moment des adieux.
Au milieu de ses loisirs, M. Perboyre n'était pas en
effet resté oisif et ils avaient tous ressentis la douce
influence de son apostolat.

« Notre équipage étant composé de jeunes gens
« honnêtes et véritablement bons enfants, il n'y avait
« pas d'inconvénients à tenter de leur être utile, et les
« missionnaires devaient sentir à leur égard quelque
« chose de cette compassion dont Notre Seigneur
« était rempli à la vue de ces peuples qu'il comparait
« à des brebis sans pasteur. Aussi plusieurs de ces
« messieurs allaient-ils de temps en temps, le soir,
« exercer leur zèle auprès d'eux, les entretenant fami-
« lièrement des vérités de la religion, de leurs princi-
« paux devoirs, et les exhortant à une vie chrétienne.
« *Ils se sont presque tous confessés.* Daigne le Sei-
« gneur féconder la semence jetée dans leurs cœurs
« et lui faire produire des fruits de salut ».

Le lendemain de leur arrivée, ils reçoivent l'accueil
le plus bienveillant de la part des autorités locales ;
le préfet apostolique et le curé de *Batavia* s'empressent de leur offrir une large hospitalité dont ils pro-
fitent deux ou trois jours.

Après les solennités de la Saint-Pierre, la petite caravane quitte le *Saint-Edmond* pour s'embarquer à bord d'un navire anglais en partance pour Canton ; le *Royal Georges* se charge de les conduire à *Macao*...

M. PERBOYRE avait profité de son séjour à terre pour donner à son oncle un témoignage de sa religieuse sympathie. Il se félicite, lui qui n'avait pas le pied très marin, de n'avoir été effrayé ni par l'immensité de la mer, ni par la profondeur de ses abîmes, ni par l'agitation de ses flots. Le frère à son tour était l'objet de ses pensées les plus ordinaires : « J'aimais « à me représenter mon bon frère aux diverses heures « de la journée, tantôt adorant Dieu dans l'église, « tantôt s'entretenant en sa présence, tout en se livrant « à ses occupations accoutumées, et toujours servant « avec joie et avec zèle ce bon et aimable maître ; « d'autre fois, prosterné devant la châsse de saint « Vincent, recommandant à ce charitable père le plus « indigne de ses enfants ».

Le 5 juillet, ils affrontent les dangers d'une nouvelle navigation et le petit « *avorton de Missionnaire* », aguerri désormais par les soins de la divine Providence, fera toujours bonne figure, même lorsqu'il croira « se retrouver parmi les précipices du Cantal « ou de la Lozère, supposant la neige changée en « écume et les rochers en flots mouvants ».

La Saint-Vincent les surprend en rade de *Surabaya*, avec l'espoir d'arriver à Macao pour la Nativité : c'est une bonne fortune pour lui que ce retard ; il en bénit la divine Providence. Dès l'aurore du 19 juillet, les voilà bientôt tous à terre ; ils se rendent à l'église pour y célébrer les saints Mystères et saluer sur la rive étrangère celui qui les a si visiblement bénis depuis leur départ. M. le curé les invite gracieusement à partager son repas de famille ; quel bonheur de pouvoir s'entretenir avec ces prêtres de Java, tous hollandais de naissance !

« Toutes ces îles, écrit-il, sont peuplées par les
« Malais qui suivent la religion musulmane, au moins
« sur certains points. C'est maintenant l'hiver de ces
« pays-ci ; mais cet hiver ressemble assez aux étés de
« Montauban. Nous sommes au 7e ou 8e degré de
« latitude Sud ».

A la grâce de Dieu désormais ! Si sa santé a conservé une allure un peu incertaine pendant la première moitié de la traversée, elle a éprouvé un mieux sensible qui lui fait croire que Dieu veut qu'il arrive bien portant à sa destination.

Laissons-le naviguer au large en attendant de ses nouvelles de *Macao*.

De Batavia à Macao

7 Août, 9 Septembre.

« M'y voilà ; tel est le mot d'ordre par lequel je
« devais vous donner mon premier signe de vie de
« Macao ».

C'est en ces termes qu'il communique l'heureuse nouvelle à un des assistants de sa Congrégation :

« Oui, m'y voilà, et béni soit le Seigneur qui m'a
« lui-même conduit à ce poste : « Si je prends des
« ailes au point du jour pour aller aux extrémités
« de la mer, c'est votre main qui m'y conduit et c'est
« votre droite qui m'y soutient ».

« Partis de Surabaya le 7 août, où s'était prolongée
« notre station dans ce climat brûlant de Java, nous
« fûmes obligés de mouiller à quatre ou cinq lieues de
« là pour attendre le retour de la marée ».

Il est prêt à tout ; et si, au milieu des dangers de la navigation, on doit son salut à l'habileté des chefs, à la force du vent, lui, l'enfant de la Providence, aime à bénir surtout cette puissance qui domine tout et dont les causes secondes ne font qu'exécuter les jugements de justice et de miséricorde.

La mousson du Sud-Est qui règne encore une partie du mois d'août sur la mer de Chine, les a suffisamment favorisés pour leur permettre d'arriver à *Macao* sans trop de pénibles incidents : « Quoique nous fus-
« sions disposés à faire une navigation cent fois plus
« longue, si cela eût été dans l'ordre de l'obéissance,
« je vous assure néanmoins que nous en avons vu la
« fin avec un grand contentement ; et que nos cœurs
« ne se sont pas peu épanouis en posant le pied sur
« cette terre après laquelle nous soupirions depuis si
« longtemps et lorsque nous avons embrassé notre
« digne supérieur, M. Torrette, son excellent colla-
« borateur M. Danicourt, venu nous chercher au na-
« vire et nos bons jeunes chinois, tous en parfaite
« santé ».

Jouissons un instant du riant tableau qu'il nous fait de cette communauté où avec ses confrères il est reçu à bras ouverts. « Cette communauté ne nous a pas
« seulement fait respirer un air de repos, mais encore
« un parfum d'édification qui nous a embaumés, tout
« d'abord de la bonne odeur de Jésus-Christ. Le plus
« grand ordre et la plus parfaite régularité règnent
« dans notre maison de Macao : prêtres, séminaristes,
« jeunes aspirants, tous y contribuent. Si les saintes
« pratiques de l'ancien Saint-Lazare avaient pu se
« perdre en France, on les aurait retrouvées vivantes
« au fond de la Chine ».

Heureux asile ! Heureuses les âmes qui, dans le silence de la retraite se préparent ainsi au sacrifice !

Si ses confrères n'ont cessé de bien travailler pendant tout le voyage, il a fait, lui, ses délices de la Lecture Spirituelle; c'est par cet aveu qu'il termine cette correspondance : « Pour moi, ma principale occupa-« tion a été la lecture de la vie de S. Vincent. Je ne « pouvais me consoler de la perte de vos doux et sages « entretiens que par ceux de ce bon père ».

Sa congrégation et sa vocation, ce sont deux pensées qui lui tiennent au cœur : « Dieu veuille nous con-« server longtemps les respectables anciens de la « Maison de Paris et continuer à répandre sur eux « ses plus abondantes consolations; parmi celles que « sa divine bonté peut me réserver, la moindre ne sera « pas d'apprendre par vous qu'il la protège toujours « et qu'il l'anime de plus en plus de l'Esprit de « notre Saint Fondateur »

A son cousin, directeur au Grand Séminaire de St-Flour, il envoie de la même ville une relation bien pieuse où se trahissent les joies de son âme, et lui adresse cette supplique toute céleste : « Priez Notre « Seigneur de nous envoyer encore des ouvriers évan-« géliques, mais de ces hommes que l'esprit aposto-« lique rend tout-puissants, qui soient pleins de la « science dans laquelle S. Paul mettait toute sa « gloire, la science de Jésus crucifié et qui puissent « dire avec lui: *Je sais souffrir l'humiliation, la faim* « *et la disette.* Car nos chrétientés sont généralement « dans une très grande misère ». C'est sa cause qu'il plaide avec la conviction de sa parfaite indignité :

« Obtenez-moi, s. v. p., cet esprit et cette science « dont je suis si dépourvu. Sans parler du memento « de tous les jours, ce matin j'ai dit la messe pour « vous. Nul doute que vous ne me le rendiez au cen-« tuple. Je ne rentrerai pas en Chine de quelques « mois... »

Voyons-le aux prises avec les premières difficultés
de la langue chinoise pendant son séjour à Macao, et
s'initier aux mœurs et coutumes de son pays d'adop-
tion.

II. — MOEURS CHINOISES.

Macao et le Fokien.

> « Oh ! qu'elle est belle cette croix plantée
> « au milieu des terres infidèles et souvent
> « arrosée du sang des apôtres de Jésus-
> « Christ ! »
>
> (Jean-Gabriel à 18 ans).

Le voilà en terre chinoise, à la frontière de cet empire d'Extrême-Orient, dont la superficie est huit fois plus étendue que celle de la France, et dont la population, une fois et demie plus dense que la nôtre, s'élève pour le moins à 400 millions d'habitants.

Faisant remonter son origine à des temps fabuleux, cet *empire du milieu* (c'est-à-dire dans la pensée chinoise, le centre même du globe), a gardé de son passé un culte superstitieux, s'enfermant dans ses traditions, ses habitudes et son organisation administrative et sociale comme dans la grande muraille qui le couvre vers le nord. Acceptant successivement les diverses religions qu'il a rencontrées sur la route de ses destinées, le *Boudhisme*, le *Magisme* et le *Mahométisme*, il n'a donné l'exclusion systématiquement qu'au seul *catholicisme*, parce que ce culte est lui-même exclusif des autres. Il nous a déjà coûté le sang de centaines d'apôtres et de plusieurs milliers de fidèles.

C'est le sort d'un grand nombre surtout de ces missionnaires audacieux à qui la main de Dieu ouvre les portes de l'Empire chinois; la Chine, n'est-ce pas l'arène toujours sanglante où l'homme connaît ce qui l'attend? la Chine, nous ne le savons que trop, en ce moment même, c'est le mystère, c'est l'inconnu, c'est le sphinx impénétrable qui attire aujourd'hui et qui tue le lendemain. Hier, elle semblait accueillir l'apôtre d'un visage presque ami, elle le laissait jeter en paix la divine semence le long de ses grands fleuves et sous son ciel endormi. Et puis, tout d'un coup, les colères bouillonnent, des clameurs éclatent, l'incendie s'allume, les têtes tombent et le sang coule à flots. Depuis des siècles se renouvelle sans cesse une histoire qui rappelle la lutte de l'homme contre l'océan ; l'Eglise envoie ses missionnaires, bâtit une cathédrale, construit une école et le paganisme recule ; et puis il revient, il renverse, il brise tout comme la vague furieuse qui emporte d'un simple effort la tente audacieuse qui s'aventure sur la grève. Et c'est cette incertitude, cette obscurité de l'avenir qui introduit dans le dévouement de nos apôtres, je ne sais quelle téméraire beauté et en fait de sublimes héros.

N'est-ce pas l'histoire de Jean-Gabriel qui vient de passer sous vos yeux? Tout cela, il le sait et il trépigne d'impatience de voler à la conquête des âmes. Devant lui, à perte de vue, ses regards voient s'étendre des terres immenses où les chrétiens lui apparaissent « comme ces rares épis qui échappent à la faux du « moissonneur » ; il sait que les ouvriers ne sont même pas assez nombreux pour prendre soin de cette poignée de chrétiens, bien loin de pouvoir suffire à l'œuvre de la conversion des infidèles. C'est pour partager leurs travaux qu'il a franchi tant de milliers de lieues, après avoir quitté tout ce qu'il avait de plus cher au monde. Aussi, avec quelle constance admirable va-t-il se consacrer à ce premier travail d'initiation ! car pour se lancer dans l'arène apostolique surgiront de terribles obstacles et des difficultés de toutes sortes. Il va falloir livrer un violent combat à la nature, devenir écolier à son âge après avoir si brillamment enseigné aux autres.

L'étude de cette langue chinoise que son devancier appelait si gentiment « *indécrollable* », est dès lors l'objet de son unique préoccupation. C'est une langue étrange, à coup sûr, sur laquelle on dirait que le peuple chinois a voulu garder l'ombre gigantesque de sa pensée ; une langue ondoyante, infiniment diverse, qui a des signes pour la parole et des signes pour la pensée, une langue fertile en surprises que l'on ne sait à moitié qu'au prix d'un rayon de la Pentecôte. Mais si c'est là son premier tourment, il ne recule devant aucun sacrifice pour la parler bientôt comme un lettré, d'après le témoignage de ceux qui l'ont connu sur le dernier champ de son apostolat.

De son propre aveu « *il lui en coûta long pour acquérir une connaissance suffisante du chinois* ». Avec la grâce de Dieu, cette barrière qui pourrait paralyser son ministère, tombera à son tour et il attend les nouvelles manifestations de la Providence pour pénétrer dans l'intérieur où la religion peut s'exercer actuellement avec une certaine liberté. C'est ce que nous lisons dans une correspondance adressée au confrère qui lui a succédé au séminaire interne : « La « religion jouit pour le moment d'une assez grande « paix dans l'intérieur de la Chine ; nos missions « vont prospérant de jour en jour ; mais nos bons « confrères se tuent de fatigues. Ils se nourrissent « d'ailleurs très mal, ne vivant que d'un peu de riz et « de quelques herbes. Les chrétientés qu'ils adminis-

« trent sont les plus pauvres de toutes. Vous voyez
« quel dévouement vous devez inspirer aux sujets que
« vous formerez pour nous : ils doivent être pleins de
« sainteté et de prudence. — Qui dit un saint, dit un
« homme qui possède toutes les vertus dans un haut
« degré de perfection. — La prudence suppose une
« grande rectitude et une certaine portée dans le ju-
« gement, embrasse l'esprit de discernement et de
« bonne conduite, et demande, pour l'accomplisse-
« ment du bien, la force d'âme et une constance in-
« vincible. Cette prudence ne doit pas être seulement
« une qualité naturelle, mais encore un don surna-
« turel, ce doit être une qualité vraiment céleste. Après
« tout, si la mission donne l'autorité aux apôtres, il
« n'y a que la communication dé l'esprit de Dieu qui
« leur donne la puissance de convertir le monde ».

Et cet esprit de Dieu, dont il est abondamment
pourvu, lui permet de s'établir dans une sainte indif-
férence, attendant dans le calme qu'on lui assigne une
mission :

« Ne me demandez-vous pas déjà, écrit-il encore,
« quelle va être ma destination dans ce nouveau
« monde ? Il faut que je vous avoue ma complète igno-
« rance sur ce point. Depuis longtemps ma principale
« résolution était pour la pratique du plus complet
« abandon en la Providence ; en arrivant ici, j'ai tâché
« d'y tenir plus ferme que jamais ».

Il aime beaucoup le mystère de la Providence, qui
se plaît à le faire vivre en quelque sorte au jour le
jour :

« Lorsque j'ouvrais comme au hasard le livre de
« l'Imitation, mes yeux tombaient toujours sur ces
« paroles : *Mon fils, laissez-moi agir comme je veux à
« votre égard. Je sais ce qui vous est le plus expé-
« dient* ». — « Je m'empressais de répondre par un

« des versets suivants : « *Seigneur, pourvu que ma vo-*
« *lonté soit toujours droite et constamment attachée à*
« *vous, faites de moi ce qu'il vous plaira* ».

Dans ces dispositions il attend le signal du départ,
sans se soucier du code précis et implacable du peuple
chinois qui édicte la mort contre tout Européen assez
téméraire pour modifier les mœurs et la religion, autorise tous les supplices, s'en remettant pour le choix
à l'imagination cruellement inventive du mandarin.

Ce qui lui paraît plus redoutable encore, c'est la
puissance du démon. Il n'a pas perdu son influence,
encore moins ses espérances dans notre Occident ;
mais il y trouve partout la croix : les airs et les eaux
tant de fois frappés par la prière et par les bénédictions de l'Eglise se prêtent moins à son action. L'O-
rient, au contraire, la Chine surtout, est resté son fief ;
on le prie, on le prend à témoin, on accepte son infernale royauté !

Qui peut dire tout ce qu'il faudra de labeur et de
sang et combien de missionnaires devront s'ensevelir
dans ce gouffre, pour purifier un sol battu par tant
d'erreurs et de crimes, où la sève du mal circule de
toutes parts, ce pays de *Lao-Tseu* et de *Confucius,*
où le *boudhisme* de l'Inde a dressé ses pagodes et le
mahométisme ses mosquées, la terre enfin où le chrétien trouve à chaque instant sous ses pas les profondeurs de Satan, profondeurs de ruse, de séduction et
de violence qui sont les bouches de l'enfer.

Aussi entendez les accents guerriers de notre bienheureux, quand il part de Macao pour le poste qui lui
est assigné : « Ce soir même, dit-il, je m'embarque pour
« le Fokien, sur une jonque chinoise... Soldat à qui la
« témérité tient lieu de courage, j'ai senti mon cœur
« tressaillir à l'approche du combat. Puisse Dieu me
« faire goûter la douceur de son calice d'amertume ! »

Et joignant la note gaie des soldats français à la divine intrépidité du missionnaire, il décrit à son frère l'accoutrement qui sera désormais son uniforme de campagne : « Si vous pouviez me voir un peu main- « tenant, je vous offrirais un spectacle intéressant « avec ma tête rasée, ma longue queue et mes mous- « taches, balbutiant ma nouvelle langue, mangeant « avec mes bâtonnets qui servent de couteau, de « cuiller et de fourchette. On dit que je ne représente « pas mal en chinois. C'est par là qu'il faut com- « mencer à se faire tout à tous. Puissions-nous aussi « les gagner tous à Jésus-Christ ! »

Et il part radieux à la faveur des ténèbres : « *Ce sont là*, disait le missionnaire qui l'accompagne sur la barque, *de ces moments dont la solennité ne se retrouve qu'une fois dans la vie* ». Il doit naviguer deux mois le long des côtes, à travers d'innombrables pointes d'écueils, tantôt menacé par la police douanière, tantôt poursuivi par les barques de pirates. Cinq millions de pêcheurs habitent ces parages et les mâts de leurs bateaux semblent de loin une infranchissable palissade. Il ne peut paraître que vers la nuit, à l'heure où les matelots chantaient avec lui le rosaire sur les flots du Pacifique. Sans se laisser arrêter par les marches forcées ou d'insupportables chaleurs, il s'avance tou- jours vers sa lointaine destination, évangélisant les chrétiens sur son passage, semant partout ses sueurs et son dévouement, les prémices de son martyre.

De loin en loin, il rencontre un groupe de mission- naires que la persécution fait errer çà et là, et com- plète auprès d'eux son apprentissage.

Jean-Gabriel Perboyre
En costume chinois
(1835-1836)

III. — A LA SUITE DU MAITRE.

Du Fokien au Ho-nan.

7 Mars 1836

> « *Je me remettais à grimper avec les*
> « *mains ; j'aurais au besoin grimpé avec les*
> « *dents pour suivre la voie que la Providence*
> « *m'a tracée* ».
>
> (Extrait de sa correspondance).

Arrivé au Fokien depuis quinze jours, le disciple
du Maître consigne les détails de son voyage dans
une lettre adressée à M. Torrette, Supérieur de la
maison de *Macao*. Les écrits des Saints ont un cachet
particulier qui plaît et qui touche ; aussi nous repro-
cherions-nous de déflorer ce récit empreint d'un caractère de piété que nous tenons à lui conserver :

« Avant d'aller plus loin, il faut bien que je jette
« un regard en arrière et retourne en esprit à Macao.
« Notre trajet a duré deux longs mois ; s'il n'a pas été
« prompt, il a du moins été, grâce à Dieu, fort heu-
« reux. Vous savez comment le 21 Décembre vers
« 11 heures du soir, au milieu de profondes ténèbres
« et d'un silence non moins profond, nous nous
« embarquions sur cette jonque fo-kinoise sanctifiée
« par le passage de tant d'autres missionnaires.
« Quoique le chargement de mes effets se fit avec la
« plus grande précipitation, il ne me manqua que
« ma pipe et mon éventail ».

Après plusieurs étapes motivées par des vents contraires ou d'autres causes, comme le lavage de la

barque à Nangao, on aime à l'entendre narrer une visite faite à bord dans cette île par le mandarin païen dont la mère est chrétienne :

« Les officiers, selon la coutume, lui ont fait une
« visite dans sa maison, et lui ne manqua pas non
« plus de la leur rendre. Il vint donc accompagné de
« ses satellites, mais on eut soin de nous enfermer
« dans notre étroite alcôve, ensevelis sous les mate-
« las et la couverture, ce qui s'est fait dans bien
« d'autres circonstances moins solennelles. De là,
« nous pûmes entendre le mandarin parler et rire
« pendant près d'une heure ! C'était plutôt à cause
« de son cortège qu'à cause de lui-même qu'on nous
« avait cachés. Il a déjà vu des missionnaires et n'est
« point indisposé à leur égard ».

C'est un grand personnage de la contrée que ce mandarin Fo-Kinois :

« Au départ comme à l'arrivée, on lui rendit, au
« son bruyant des cymbales, les honneurs d'usage.
« Nous reçûmes de lui un drapeau sur lequel était
« mentionnée la visite de notre barque. Lorsque après
« cela nous entrions dans quelque port ou qu'une
« barque mandarine accourait nous demander raison,
« nous arborions cette bannière de salut, et on nous
« laissait tranquilles ».

Toutes ces précautions de sécurité ne sont point superflues. On ne saurait être trop vigilants dans ces parages infestés de pirates. Écoutons-le parler :

« Nous avons constamment navigué en vue des
« terres, suivant tous les détours des côtes, nous en-
« fonçant dans tous ces petits golfes, ne marchant
« presque jamais la nuit, et souvent peu le jour, avan-
« çant toujours lentement, et reculant quelquefois
« après plusieurs heures de marche pour retourner
« au port qu'on avait quitté le matin et même à celui

« qu'on avait quitté la veille. Ici, un port, c'est tout
« simplement un abri au pied d'une montagne, à côté
« d'une île, en face d'un village où des caravanes de
« navires chinois vont camper le soir. Car, par crainte
« des pirates, ils aiment à voyager en nombreuse
« compagnie ».

Quel charme délicieux que cette prière du soir à
bord de ces flottilles amarrées sur la rive à une déchi-
rure du continent !

« A l'entrée de la nuit, nous allions sur le pont réci-
« ter notre chapelet, à l'exemple des chefs de la
« barque, qui semblaient se délasser de leurs fatigues
« en concluant les occupations de la journée par la
« récitation du Rosaire. Les matelots les imitaient
« aussi et j'ai quelquefois entendu celui qui veillait
« chanter le sien. Ainsi tandis que des barques
« païennes faisaient autour de nous descendre à la
« mer la flamme de papiers superstitieux, la nôtre
« faisait monter vers le Seigneur du ciel l'encens pur
« de la vraie foi ».

Faisons, en compagnie du jeune apôtre, une petite
excursion sur le littoral méridional de la Chine ; rien
ne lui échappe.

« Quoique nous n'eussions voyagé ni comme ma-
« rins, ni comme observateurs et que nous fussions
« d'ailleurs rigoureusement consignés dans la cellule
« toutes les fois qu'il n'était pas prudent d'en sortir,
« il a été facile de nous en faire une idée. La côte
« n'est qu'une suite d'angles saillants et rentrants,
« qui offre dans toute sa longueur d'excellents ports
« naturels... Les barques païennes en passant font
« des sacrifices à plusieurs de ces montagnes arides,
« et sur un grand nombre s'élève une colonne super-
« stitieuse que l'on aperçoit de très loin. La Chine est
« bien mieux défendue par de tels remparts que par

« ces petites forteresses éparpillées sur certains points
« de la mer. Peu de maisons sur les côtes ; cependant
« on rencontre de temps en temps quelques cabanes
« de pêcheurs, qui sont assurément bien modestes ».

Vous vous demandez peut-être où vivent ces populations si denses ? Ce n'est point assurément dans des
villages étagés comme en Europe dans les plis d'une
montagne, ou modestement assis sur la rive de ces
longs fleuves. Ils habitent tout simplement les eaux.

« Habiter les eaux est bien le mot, poursuit notre
« aimable conteur, puisqu'elles sont l'unique demeure
« du pêcheur chinois. Ils n'en sortent pas même à la
« fin du jour, comme ceux de Java, pour illuminer le
« rivage par des feux nocturnes. Ils reposent dans
« cette barque où ils ont travaillé ! C'est là qu'est
« toute la famille ; c'est là qu'ils naissent, qu'ils vivent
« et qu'ils meurent. Cependant ce n'est pas la mer qui
« leur sert de cimetière, mais bien le flanc de la mon-
« tagne ».

Il ne vous est sans doute jamais arrivé d'assister
au premier de l'an chez les chinois ; notre saint voyageur a eu cette bonne fortune ; son récit sera pour
nous un ample dédommagement.

« C'est à côté d'une île appelée Hai-Chan que nous
« avons été surpris par le commencement de l'année
« chinoise, le 17 Février, premier jour de la lune de
« Mars. On s'arrêta pour célébrer une fête si chère à
« tous les Chinois. Dès la veille, elle fut annoncée
« sur toutes les barques par le bruit des pétards et
« des cymbales. Cette musique se prodigua le jour
« de la solennité qui se passa, ainsi qu'une partie de
« la nuit, à se régaler et à s'amuser. Quoiqu'il y eût
« cinq païens sur notre barque, tout s'y passa sans
« mélange de superstitions ».

Au milieu de ces réjouissances, ils n'ont garde

d'oublier les lois de l'Eglise et le devoir de la pénitence. Quelle leçon pour notre sensualité à laquelle
tout sert de prétexte ! « Les officiers s'étaient proposé
« de nous traiter ce jour-là ; mais la circonstance du
« jour des Cendres nous fournit une excuse légitime
« pour les remercier. Nous avons pu régulièrement
« observer les jeûnes et les abstinences, et toujours
« dirigé notre ménage comme nous l'avons entendu.
« Avant le carême nous nous contentions de faire un
« repas vers les neuf heures du matin et un autre vers
« les sept heures du soir pour avoir plus de temps à
« donner à l'étude du chinois, qui a été notre occu-
« pation habituelle et à peu près exclusive ».

Enfin, après s'être engagés dans un bras de mer
d'où ils jouissent d'un point de vue charmant, ils se
détachent des autres navires pour pénétrer dans une
rade de quatre ou cinq lieues de long et presque autant de large. C'est le terme du voyage ; assistons à ce
pittoresque débarquement.

« Vers les six heures du soir, nous jetâmes l'ancre
« pour la dernière fois. Après avoir attendu quelque
« temps la marée pour remonter le fleuve, nous nous
« acheminâmes sur une petite barque et par une nuit
« obscure, vers la demeure de Monseigneur de SÉBASTE,
« vicaire apostolique de Fo-Kien, accompagnés de
« son courrier et cachés sous notre couverture, car
« nous avions encore à passer devant une douane ».

Mais la bonne Providence, dont ils ont été jusqu'ici
les enfants gâtés, veut, du moment même où ils mettent le pied sur le sol chinois, opérer en leur faveur un
nouveau miracle. Voici dans quelles circonstances :
« En sortant de la barque, nous nous élançâmes avec
« joie sur une jetée environnée d'eau, que l'obscurité
« nous empêchait de bien voir. Mon cher compagnon
« de voyage, M. Delamarre, prêtre du Séminaire des

« Missions Etrangères, fit un pas de trop et le voilà
« à se débattre dans un gouffre où un an auparavant,
« un homme s'était noyé. Jugez de mon saisissement.
« Je me mets à l'appeler afin qu'il sache de quel côté
« se tourner. Il revient presque aussitôt s'accrocher
« au mur où il grimpe, en même temps que je le tire
« par les habits, et parviens heureusement à le tirer
« de ce mauvais pas. Il courut tout le danger, mais
« toute la peur fut de mon côté. Il n'y eut d'autre mal
« que quelques blessures que nous reçûmes tous deux
« à une main en nous cramponnant à des pierres ai-
« guës... Béni soit le Seigneur dont nous avons
« éprouvé si visiblement la miséricordieuse assis-
« tance ! »

Désormais à l'abri de tout accident, ils s'estiment
heureux de recevoir l'hospitalité de cet évêque modèle,
qui a vieilli au milieu de son troupeau. La conversa-
tion s'engage et après les nouvelles de France dont
son cœur patriote est touché, il fait part aux nouveaux
ouvriers évangéliques des consolations qu'il goûte
dans sa florissante église du Fo-Kien. « La résidence
« épiscopale est à Tchen-Théou, village de 1500 ha-
« bitants dont les 2/3 sont chrétiens. La florissante
« église du Fo-Kien se compose de 40000 chrétiens ;
« plus de 30000 se trouvent dans le district d'une
« ville de 3e ordre. On conçoit par là qu'il y a des
« localités même considérables où tout est chrétien,
« et beaucoup où les païens sont en minorité. Aussi
« dans ce district, les chrétiens marchent tête levée
« sans rien craindre. Ils y ont 7 ou 8 églises, ouvertes
« à tout le monde, bien connues des mandarins, ainsi
« que deux séminaires. Quand dans un grand bourg,
« le soir, on chante le rosaire dans toutes les familles,
« les montagnes et les vallées d'alentour en reten-
« tissent, c'est vraiment admirable: on ne s'en fait

« pas une idée en Europe. Trois ou quatre mille pê-
« cheurs se réunissent tous les ans avec leurs barques,
« et se divisent en trois bandes pour recevoir les sa-
« crements. Un chrétien de cette province vient d'être
« nommé mandarin. Cette charge, paraît-il, n'est pas
« incompatible avec les devoirs d'un chrétien, pourvu
« qu'on ait assez de foi et de caractère pour les rem-
« plir ».

Cette intéressante mission du Tché-Kiang est des-
servie par les RR. PP. Dominicains ; pendant son
séjour au Fo-Kien, il est entré en relation avec plusieurs de ces apôtres, qu'il a trouvés pleins de doctrine et de vertu. Ils sont sept à huit européens,
presque autant d'indigènes, heureux de se trouver
assez rapprochés les uns des autres pour se consulter
et se communiquer leurs lumières.

En compagnie de ces admirables fils de saint Do-
MINIQUE, l'enfant de saint VINCENT s'est édifié sur les
chrétientés de ces districts et part joyeux pour le
Kiang-Si, sous la protection de saint JOSEPH.

C'est en effet le 15 mars qu'il se met tout de bon en
route, avec quatre chrétiens destinés à servir de courriers ou de porteurs. Si la traversée a été périlleuse,
ce voyage à l'intérieur sera un prodige d'adresse et
de mortification. Nous en apprendrons bientôt toutes
les péripéties.

« Parcourant un pays dont nous ne pouvions ni
« parler la langue, ni bien imiter les habitudes, et
« dont l'entrée est interdite sous peine de mort à tout
« Européen, nous allions d'abord avec l'incertitude et
« la réserve de gens qui marchent sur un terrain
« mouvant. Mais à mesure que notre petite expérience
« augmentait et que nous prenions le large, notre
« assurance augmentait aussi ; d'ailleurs, nous met-
« tions toujours d'autant plus notre confiance en la

« providence de Dieu, que nous comptions moins sur
« la nôtre et sur celle de nos guides. Ceux-ci, bien
« payés pour nous conduire, mais non pour mentir,
« se tiraient d'affaire comme ils pouvaient ».

Ils deviennent à l'occasion tout ce qu'on veut ; ce
sont tantôt des marchands de thé de Ning-Po ou de
Nan-Kin, tantôt des voyageurs, parfaitement ignorants
de la langue de cette province. Dans les auberges,
ils reprennent le dessous de leurs couvertures et c'est
au pas de course qu'on leur fait traverser les rues des
villes afin de donner le change. Cependant il n'est pas
très aisé à un Européen de passer pour un chinois,
malgré l'habileté du déguisement, à en juger par le
portrait si caractéristique qu'il en trace : « Les Chi-
« nois diffèrent en général beaucoup des Européens,
« par leurs cheveux plus noirs et plus raides, par leur
« barbe moins forte, par leurs nez aplatis ; par leurs
« yeux habituellement moins ouverts, par leur teint
« qui n'est ni blanc, ni rouge, mais olivâtre ; et puis
« nous avons un tout autre air de vie qu'eux. Toute-
« fois s'il est survenu des doutes sur notre qualité
« d'étrangers, ce qui est très probable, nous n'en
« poursuivions pas moins sains et saufs notre che-
« min ».

Tel est le peuple qu'ils coudoient et les difficultés
de ces terres qu'ils traversent à pied pendant quinze
jours de suite par de fortes chaleurs et presque toujours parmi des montagnes. Chemin faisant, on leur
apprend à l'entrée d'un village qu'il y a là une famille
de chrétiens ; ils s'y rendent après de longues recherches : « Il nous fut assez facile de la reconnaître,
« parce que les portes des maisons chinoises sont
« couvertes d'écriteaux religieux, et comme elles sont
« habituellement ouvertes, on aperçoit du premier
« coup d'œil lancé dans l'intérieur, les divers objets

« du culte, superstitieux ou chrétien. Il nous sembla
« respirer alors un air plus pur et sentir notre cœur
« soulagé du poids de cette atmosphère toute païenne,
« de laquelle nous n'étions pas sortis depuis long-
« temps. Puis nous nous rendîmes à la chrétienté
« voisine ».

Après les cérémonies de la Semaine Sainte, qu'il
eut la consolation de célébrer avec le digne Monsieur
Laribe, placé providentiellement sur la route parcou-
rue, il se rend en sa compagnie à Kien-Tchang-Fou,
ville de 1er ordre pour y recevoir la visite et le *Kotheou*
des chrétiens qui y résident : « Le Kotheou est une
« prostration par laquelle les Chinois saluent les per-
« sonnes élevées en dignité, et que les chrétiens font
« devant le prêtre, à son arrivée ou à son départ, dans
« différentes circonstances, particulièrement quand
« ils ont fait la sainte Communion ».

Et comme pour aller au Houpé, la voie du fleuve
est la plus sûre et la plus commode, c'est aussi celle
qu'ils suivent en recommençant le 8 avril leur pèlerinage, assistés de deux courriers.

Un bon vent leur permet d'arriver en 3 jours jusqu'en face de *Nan-Thang-Fou*, capitale du Kiang-Si.
La traversée du lac fut assez rapide, mais à la visite
des douanes, de nouvelles émotions viennent redoubler une période de mauvais temps. Enfin après une
semaine passée à l'ancre avec un millier de navires,
ils peuvent remonter le fleuve et faire leur entrée à
Han-Keou, une des villes les plus commerçantes,
théâtre du martyre du vénérable Clet, son illustre devancier. La prudence lui impose de remettre à une autre
circonstance le pèlerinage projeté à son tombeau et il
ne songe plus qu'à se diriger vers les parties septen-
trionales du Houpé, avec la perspective d'une centaine
de lieues à parcourir au milieu de plaines immenses.

Mais comme il sait apprécier l'hospitalité qu'il reçoit dans les différentes étapes ! Un jour entre autres, il est accueilli sur une barque arrêtée pour le commerce et son cœur de prêtre y éprouve de suaves impressions : « Je trouvai là ce qu'on aurait bien de la « peine à trouver, hélas ! sur les barques de l'Europe, « un bénitier et un aspersoir. Les chrétiens me prièrent de leur donner la Bénédiction, première et « dernière cérémonie du Missionnaire. Malgré le voisinage des barques païennes, ils chantèrent sans « crainte la prière usitée chez les Chinois en pareille « circonstance et où ils célèbrent : *les bienfaits et les* « *miséricordes de Dieu, qui leur a envoyé le prêtre* « *pour leur prêcher la religion, leur faire connaître* « *leur souverain Seigneur, les bénir, remettre leurs* « *péchés,* etc.

Le 7 mai, il eut le plaisir d'embrasser M. Baldus et le 8, M. Rameaux qui faisait mission dans un district composé de sept à huit chrétientés : « Je demeurai « tantôt avec l'un, tantôt avec l'autre, comme témoin « de leur zèle et de leurs travaux : ce qui pouvait me « servir de noviciat dans un art où ils exerçaient « déjà. J'aimais d'autant plus à les entendre prêcher « qu'ils ne parlaient que sous l'impression de la grâce, « avec l'autorité d'hommes qui ont une mission divine « et la simplicité de gens qui ne cherchent que le « salut de leurs frères ».

C'est l'heure bénie pour la réalisation de ses rêves d'apôtre !

IV. — DANS L'ARÈNE APOSTOLIQUE.

Le Ho-Nan.

10 Mars 1836.

« *Les peines sont si précieuses aux yeux de
« la foi, qu'elles méritent bien qu'on aille les
« chercher au bout du monde* ».
(Pensée du Bienheureux).

Plus d'un an s'est écoulé depuis le départ du Havre. JEAN-GABRIEL a déjà parcouru près de 8000 lieues ; ses forces, miraculeusement conservées jusque-là, le trahiront peut-être. Mais le voilà à son poste dans la province du Ho-nan, et il habite la maison même où le vénérable CLET fut arrêté.

Inutile d'insister sur l'accueil qu'il y reçoit ; ses confrères qui l'ont connu en France et ont apprécié ses talents, se félicitent de ce renfort inattendu. Monsieur Rameaux (mort le 14 juillet 1845, vicaire apostolique du Kiang-Si et du Tché-Kiang), alors Supérieur de cette mission, persuadé que notre bienheureux est plus propre que lui à la diriger, demande la permission de lui céder sa charge ; mais il lui est impossible de triompher de ses résistances. D'ailleurs ses connaissances encore imparfaites de la langue le mettent dans la nécessité de redoubler de zèle pour travailler bientôt au salut de ses chers chinois.

Dans une lettre à un grand Vicaire de Saint-Flour, nous trouvons des renseignements circonstanciés sur cette partie de sa vie, sur le *Ho-nan* et sur ses travaux.

C'est donc lui encore qui sera son propre historio-
graphe ; c'est sa parole toujours simple et aimable,
précise et édifiante, que nous allons entendre :

« Au commencement du siècle dernier, écrit-il à la
« date du 16 août 1836, nous avions en Chine six ou
« sept confrères, parmi lesquels MM. APPIANI, et
« MULLENER, venus comme simples missionnaires de
« la Propagande. Notre congrégation n'y a été fixée
« définitivement que lors de la suppression de la com-
« pagnie de Jésus, à la veille de la Révolution fran-
« çaise ».

Des sujets qu'elle y envoya alors, deux y trouvèrent
une mort glorieuse : Monsieur AUBIN, empoisonné
dans sa prison par les mandarins et Monsieur CLET
qui après une longue carrière apostolique fut martyrisé en 1820 et que l'Eglise en 1900 devait élever sur
les autels. Mais laissons-le poursuivre le cours de son
récit : « La Révolution qui avait fait disparaître notre
« Congrégation avec tant d'autres institutions, occa-
« sionna malheureusement dans l'envoi des mission-
« naires, une lacune très funeste, mais qui l'aurait
« été bien davantage si elle n'avait été comblée en
« partie par un certain nombre de bons prêtres indi-
« gènes formés à Pékin ».

Deux de ces prêtres furent envoyés en exil et
M. Lamiot lui-même lors de la mort de M. CLET, con-
vaincu d'avoir eu des relations avec lui, fut banni de
la Cour et de l'Empire. Dieu devait bientôt mettre un
terme à cette triste situation :

« Le rétablissement en France de la famille de
« SAINT VINCENT l'ayant mise en état de remplir tous
« ses engagements, elle est accourue de nouveau au
« secours des chinois. M. TORRETTE est arrivé deux
« ans avant la mort de M. LAMIOT pour recevoir sa
« succession et recueillir ses traditions. Mon frère le

« suivait de près, mais ne put l'atteindre. Ensuite sont
« venus MM. LARIBE et RAMEAUX, MM. MOULY et DA-
« NICOURT, M. BALDUS puis votre serviteur avec deux
« autres missionnaires ».

On entrevoit alors comme une ère de résurrection
pour ces pauvres chrétientés, en partie abandonnées à
cause du malheur des temps.

« Celles du Kiang-Si sont réunies sous la houlette
« de M. LARIBE ; celle du Hou-pé, désolée par la per-
« sécution, reprend une vie nouvelle. M. RAMEAUX
« apparut au milieu d'elles comme un ange consola-
« teur ; par son zèle extraordinaire, il est parvenu à
« réparer les anciennes brèches et à cicatriser les
« plaies qui saignaient encore. M. BALDUS, votre com-
« patriote, s'est aussi montré un vaillant athlète dès
« son entrée dans la carrière. Dix mois ne s'étaient
« pas écoulés depuis son arrivée que, dans le cours
« de ses missions il avait au moins parcouru 300
« lieues, entendu dix mille confessions et baptisé une
« trentaine d'adultes ».

A tous ces détails s'ajoutent des aperçus très précieux sur l'état des missions, au moment où il entre
véritablement dans l'arène apostolique : « A Pékin,
« les missionnaires ont une position bien différente
« de celle qu'ils y ont occupée précédemment. A la
« faveur de leur titre de savants européens, appelés
« à former une académie des sciences et des arts, ils
« pouvaient exercer alors dans la Capitale toutes les
« fonctions de leur saint ministère. Aujourd'hui, *ils
« ne peuvent mener la vie publique qu'au moyen de la
« vie cachée ;* le Seigneur avait tout donné, il a tout
« ôté. La maison d'où sortaient ces bonnes œuvres
« est maintenant habitée par un mandarin qui a fait
« élever sur l'emplacement de l'église une salle de
« comédie. L'évêque de Nankin, autorisé à résider à

« Pékin le reste de ses jours, n'a cessé d'être l'âme
« des prêtres chinois des environs, et d'entretenir se-
« crètement une correspondance avec les mission-
« naires des quatre provinces qu'il administre ;
« l'église portugaise lui est encore conservée. Quant
« à M. Mouly, Supérieur de la Mission Fˢᶜ, il subit
« les mêmes épreuves avec une résignation admi-
« rable. Notre Congrégation est chargée de sept pro-
« vinces qui comprennent la partie orientale de la
« Chine : dans toutes, des confrères européens, fran-
« çais ou portugais se livrent avec zèle aux travaux de
« l'apostolat ».

A cette page d'histoire religieuse marquée par tant
d'épreuves il est heureux d'ajouter le tableau si consolant qu'offrent à la même heure les dix autres provinces. « Elles sont desservies, dit-il, une par les
« dominicains espagnols ; quatre par les mission-
« naires de la Propagande, ordinairement franscis-
« cains italiens ; trois par les messieurs du Séminaire
« des Missions Étrangères et deux où les euro-
« péens ne pourraient se cacher, par des prêtres chi-
« nois sous la dépendance de l'évêque de Macao...
« Dans toute la Chine, il y a à peu près 80 Prêtres
« indigènes, et environ 40 prêtres européens dont
« plus des trois quarts sont entrés depuis 10 ans ; il
« n'en est mort que deux ou trois de cette première
« caravane ».

La sainteté et le zèle de ces pionniers d'avant-garde
a largement suppléé à leur nombre ; et ils ont pu, en
unissant leurs efforts, tracer déjà un large sillon :

« Quant au nombre des chrétiens de la Chine, il ne
« paraît pas qu'il s'élève au-dessus de 220.000, si
« même il atteint ce chiffre. Dispersés sur toute la
« surface de l'empire, ils sont dans la foule des
« païens comme quelques petits poissons dans la mer ;

« en évaluant à 300 millions le nombre total des Chi-
« nois, sur 13 ou 1400 à peine trouve-t-on un seul
« chrétien. Quand ce petit levain aura-t-il pénétré
« cette énorme masse ? C'est le secret de Celui qui a
« le temps en sa puissance ; à nous il nous a été donné
« seulement de coopérer, de nos chétifs efforts, à
« cette grande œuvre : « *Ce n'est point à vous de con-*
« *naître le temps ou les moments que le Père a dis-*
« *posés dans sa puissance, mais vous me rendrez té-*
« *moignage jusqu'aux extrémités de la terre* ».

Cependant si l'homme jette la semence dans ce pénible sillon, c'est Dieu qui lui donne l'accroissement.
Aussi n'est-on pas surpris qu'il fasse dépendre la
conversion de la Chine, des prières que les chrétiens
d'Europe peuvent faire pour elle : « *Priez les uns pour*
« *les autres, afin que vous soyez sauvés, car la prière*
« *persévérante du juste peut beaucoup* ». Si donc vous
« voyez de toutes parts des prières s'élever vers le
« ciel, de plus en plus multipliées, de plus en plus
« ferventes, vous pouvez mieux juger de loin que
« nous de près si le royaume de Dieu est proche pour
« cette grande nation ; quelle consolation pour
« l'Eglise si elle voyait entrer dans son sein tout un
« peuple aussi considérable que le *peuple chinois !*
« C'est la noble mission entreprise par les membres
« de la Propagation de la Foi ». Au moment où il
trace ces lignes, une profonde paix règne dans tout
l'empire chinois, mais la famine y exerce de cruels
ravages, à la suite d'une invasion terrible de saute-
relles. Nous résistons au désir d'en mettre le récit
sous les yeux du lecteur ; en voici toutefois la conclusion finale : « *Les Chinois sont châtiés comme les*
« *Egyptiens, mais que ne savent-ils dire, comme il*
« *faut : Le doigt de Dieu est là !* »

Nous voilà bien renseignés sur la vigne désormais

confiée à sa sollicitude. Le Ciel bénira ses travaux, car il ne compte que sur le secours de la grâce divine. Ce sont les sentiments de la plus profonde humilité qu'il exprime à M. GRAPPIN, prêtre de la Mission, ancien supérieur du Grand Séminaire de Saint-Flour.

« M. BALDUS vous écrit les fruits spirituels qu'il
« a produits. Mais moi, qui mets à peine la main à la
« charrue, que puis-je vous dire, sinon que me voilà
« désormais associé à ceux dont il est écrit : « *Ils s'en*
« *allaient et pleuraient en répandant leurs semences* ».
« Je ne sais si c'est le pressentiment d'une mauvaise
« mission, mais je suis fort épouvanté de ces paroles :
« « *L'homme ne recueille que ce qu'il a semé* ». Je
« voudrais bien pourtant glaner quelques épis pour
« les placer à côté des grandes gerbes de mes con-
« frères dans l'aire du père de famille, afin d'avoir
« une petite part à leur récompense ».

La délicatesse des sentiments jaillit ici avec la piété du cœur de notre martyr, comme le ruisseau jaillit de sa source ; et plus nous avançons, plus on aime à les voir se manifester.

Les premières difficultés vaincues, il commence à s'affectionner à la langue et nous l'apprend par l'intermédiaire de Monsieur Laccarière, prêtre du Clergé de Paris, son compatriote, élevé plus tard à l'épiscopat :

« Je me trouve à présent en la compagnie de deux
« prêtres chinois qui m'apprennent leur langue, dont
« le génie est bien différent de celui des langues
« européennes, et dont l'étude me plaît beaucoup
« plus maintenant que dès les commencements. Elle
« est vraiment très belle quand on sait bien la parler.
« Quoique pleine d'aspirations, elle est cependant fort
« douce. Tous ses mots sont des monosyllabes. Ses
« nombreuses diphtongues la rendent harmonieuse,

« et cinq tons qui varient la prononciation de ses di-
« vers sons la rendent musicale. Pour les Chinois
« lire ou réciter, c'est chanter. Les caractères sont
« presque infinis, et il est bien difficile qu'un homme
« les connaisse tous. Les missionnaires en savent
« généralement assez pour entendre les livres de re-
« ligion, n'ayant ni le loisir, ni la prétention de de-
« venir des lettrés ».

Le voilà donc réconcilié avec le chinois ; à la
même époque il écrit à son père une lettre d'une simplicité charmante, où domine sa pensée favorite d'offrir sa vie pour la cause de la religion : « Les Chinois
« en général sont bons enfants ; nous avons des fa-
« tigues et quelques peines à supporter ; mais il y en
« a partout ; et puis, il faut gagner le ciel à la sueur
« de son front. — Si nous avions à souffrir le martyre,
« ce serait une grande grâce que le bon Dieu nous
« accorderait ; c'est une chose à désirer et non à
« craindre ». Jean-Gabriel avait donc, à n'en pas
douter, un grand désir de verser son sang pour la foi ;
mais il faillit être trompé dans son attente, par suite
d'une maladie grave qui le conduisit aux portes du
tombeau. Néanmoins trois mois après, rétabli comme
par miracle, il donne avec un prêtre chinois sa première mission. Les succès dont le bon Maître le favorisa
inaugurent d'une façon bien consolante sa vraie carrière évangélique :

« C'est avec un confrère chinois que j'ai fait jus-
« qu'ici toutes mes campagnes, écrit-il à son succes-
« seur à Paris. Je dois lui rapporter le mérite de nos
« travaux, car il a rempli sa tâche avec un zèle persé-
« vérant, même dans les choses pénibles... Aussi par
« la grâce de Dieu, bien des brebis sont rentrées dans
« le bercail ; la prière en commun, culte public des
« chrétiens chinois, a été remise en vigueur dans

« beaucoup de familles, où la femme n'osait qu'à peine
« la réciter tout bas ; quelques chrétientés, à moitié
« perdues, ont été rétablies ».

Quels sont les procédés de ces hommes de Dieu
pour réaliser de si consolants résultats ? C'est encore
lui qui se charge de nous l'apprendre : « Arrivés dans
« chaque mission, notre premier soin était de dresser
« une liste exacte de tous les chrétiens, grands et pe-
« tits, bons et mauvais, afin d'être plus à même de
« remplir notre devoir envers tous. Ensuite, formant
« à nous deux un bureau d'examen, nous faisons ré-
« citer publiquement le catéchisme à tout le monde
« et d'abord aux enfants ; les grandes personnes ré-
« citent à leur tour, les vieillards ne rougissent pas
« de donner en cela l'exemple aux plus jeunes, ni les
« pères et les mères d'être aidés et repris par leurs
« enfants. Après cela, le Baptême et les confessions
« qui se terminent ordinairement dans une seule
« séance pour les personnes suffisamment instruites
« et disposées... Ainsi chaque jour, on en voit un cer-
« tain nombre faire la sainte communion ; la mission
« dure huit, dix, quinze jours, selon le nombre et le
« besoin des chrétiens. L'une finie, on court vite à une
« autre ; on y continue l'office de médecin, de doc-
« teur et de juge. Les chrétiens chinois aiment à re-
« connaître tous ces titres dans le prêtre qui peut ici
« remplir ses divines fonctions avec toute l'autorité
« et toute la liberté propres à son caractère ».

Pour logement et pour oratoire, dans le cours de
leur visite, ils se servent des maisons des chrétiens, à
défaut d'église. Cependant, malgré cette insuffisance
de local, il se fait toujours, grâce à Dieu, de nouvelles
conquêtes à la religion dans les diverses provinces de
l'Empire :

« Dans le Ho-Nan, celle sans doute qui en compte le

« moins, nous avons enregistré 20 baptêmes d'adultes.
« Il est bien consolant de voir avec quelle ferveur
« ces néophytes reçoivent le sacrement de la régéné-
« ration ».

En écrivant ces lignes, il ne saurait oublier qu'il
se trouve à l'endroit même où Monsieur CLET a été
pris par les satellites : « Pour mon compte, je me fé-
« licite de travailler dans cette portion de la vigne du
« Seigneur qu'il a cultivée lui-même avec tant de
« zèle et de succès. Son souvenir que l'on conserve si
« précieusement, ne sert pas peu à m'animer, pour
« marcher sur ses traces et continuer le bien qu'il a
« commencé ».

A ce souvenir, il joint un appel à la jeunesse de
France dans un lyrisme tout apostolique : « Que ceux
« de vos séminaristes qui auraient la vocation de venir
« nous joindre ne craignent pas les peines de l'apos-
« tolat, mais plutôt qu'ils les ambitionnent ! Que ne
« pouvez-vous nous envoyer un bon nombre de Fran-
« çois Xavier pour cette Chine qui en a tant besoin !
« Quoique le plus inutile de tous les ouvriers qui tra-
« vaillent ici, je ne puis m'empêcher d'exprimer sou-
« vent le désir que le Seigneur fasse enfin arriver le
« jour où ce vaste empire doit devenir son héritage,
« en participant aux grâces qui lui sont réservées
« dans les trésors de ses miséricordes ».

De son âme sacerdotale s'échappent enfin les accents d'une confiance inébranlable ; le vœu qu'il formule sera un jour entendu. C'est sa dernière prière
avant de partir pour la mission du Houpé.

« Non, je ne puis m'empêcher de m'unir à vous et
« à tant de saintes âmes qui lui disent sans cesse :
« *Ayez pitié de nous, vous qui êtes le Dieu de tous,*
« *jetez vos regards sur nous, montrez-nous la lumière*
« *de vos miséricordes, et répandez votre crainte sur*

« *les nations qui ne vous cherchent pas, afin qu'elles*
« *vous connaissent comme nous vous connaissons ;*
« *parce qu'il n'y a pas d'autre Dieu que vous, Sei-*
« *gneur ; Hâtez le temps et souvenez-vous de la fin,*
« *afin que les hommes racontent vos merveilles* ».

Jean-Gabriel en sera un des porte-voix les plus au-torisés dans le nouveau poste auquel Monsieur Rameaux le destine.

V. — COEUR VAILLANT.

Le Houpé.

« *Si je suis venu de si loin, c'est pour courir*
« *encore dans cette arène* ».

(Paroles du Martyr).

Depuis un an et demi l'infatigable missionnaire évangélise la province du *Ho-Nan*, lorsque au mois de Janvier 1838, la voix du ciel se manifeste à lui par l'organe de ses supérieurs : Il doit aller au *Houpé* pour y travailler à la gloire de Dieu et au salut des âmes, au milieu des travaux et des fatigues de tout genre. Profitons des communications transmises au curé de *Catus* pour faire la connaissance de son nouveau district :

« Situé au milieu des montagnes, il embrasse une
« étendue de deux à trois lieues de long et un peu moins
« de large. Les chrétiens qui le composent et au mi-
« lieu desquels se trouvent très peu de païens sont
« d'environ deux mille, distribués en une dizaine de
« chrétientés, mais tellement dispersées qu'il n'y a

« chez eux rien qui ressemble à un petit village. Au
« moment de la visite respective, ils se rendent tous
« les jours dans la famille où le missionnaire s'établit
« pour le temps des exercices. Au centre de ce dis-
« trict, la mission possède une résidence ».

Dès le début de son ministère son cœur goûte des
consolations qu'il sait apprécier après les labeurs in-
cessants de son dernier champ d'exploration :

« Là, le missionnaire est comme un curé au milieu
« d'une grande paroisse, en rapport perpétuel avec
« les chrétiens de tout le district. Il est souvent ap-
« pelé de nuit et de jour pour l'administration des
« malades, secours que les chrétiens chinois sont
« très empressés de se procurer à la moindre appa-
« rence de danger. L'affluence des fidèles qui de-
« mandent à se confesser est telle à l'approche des
« dimanches et des fêtes que trois prêtres, résidant
« ici habituellement, auraient peine à suffire à la be-
« sogne. Les principaux chrétiens ou catéchistes
« tâchent du moins d'avoir leur tour aux grandes
« fêtes : aussi trouverait-on peut-être peu de paroisses
« en France où la sainte table soit aussi fréquen-
« tée ».

C'est surtout, d'après son témoignage, le dimanche
et aux fêtes que le troupeau se presse autour du pasteur :

« Depuis le commencement jusqu'à la fin du jour,
« notre église se trouve remplie. D'abord on récite en
« commun la prière du matin, les prières de la fête et
« une partie du catéchisme ; puis la messe, la prédi-
« cation et les réunions des petits enfants.... et pour
« quelques-uns la première partie du Rosaire. La
« soirée est remplie par l'exercice du chemin de la
« Croix, les prières des diverses confréries et une
« conférence ».

N'y a-t-il pas là vraiment de quoi confondre l'insouciance de quelques chrétiens de nos jours si relâchés dans l'accomplissement de leurs devoirs religieux ? Cette conférence surtout en terre chinoise a une saveur toute particulière :

« Huit jours à l'avance on en indique le sujet ; c'est
« une vertu, un devoir etc. Le dimanche venu, pa-
« raissent sur la scène jusqu'à une dizaine d'orateurs
« qui prêchent les uns après les autres, sur le sujet
« donné : ce sont de jeunes écoliers, des catéchistes
« ou d'autres chrétiens intelligents. Enfin le prêtre
« fait la conclusion de cet intéressant colloque par
« quelques mots d'édification, devant de nombreux
« auditeurs qui ressemblent à ceux qui suivaient
« Notre Seigneur dans le désert, le goût de la nourri-
« ture de l'âme leur faisant oublier celle du corps ».

La confiance dont jouit auprès des chrétiens le prêtre européen est si grande qu'on a souvent recours à lui pour trancher les différends et rétablir l'union dans les familles :

« En plus de nos occupations du saint ministère,
« nous sommes maintes fois appelés à remplir l'of-
« fice de juge de paix que le missionnaire décline tant
« qu'il peut, mais qu'il est parfois dans la nécessité
« d'exercer ».

N'allez pas croire toutefois que tous ces exercices religieux se déroulent sous la vaste nef d'une cathédrale ou d'un monument plus ou moins architectural. Les missionnaires ont déjà sans doute élevé des églises spacieuses et dignes du Dieu de majesté ; mais la sienne ne semble pas entrer dans cette catégorie.

« Ah ! Monsieur, Dieu me pardonne si j'ose vous
« annoncer que notre église ne soutiendrait pas la
« comparaison avec beaucoup de granges de vos cam-
« pagnes. Le sol nu renfermé entre quatre murs de

« terre et couvert d'un toit en paille ; une table ser-
« vant d'autel, derrière laquelle est une tenture qui
« s'étend par-dessus en forme de ciel de lit : en voilà
« la description complète, à moins qu'il ne faille
« parler d'une demi-cloison qui sépare les femmes
« des hommes conformément aux mœurs chinoises
« et aux lois de bienséance de tous les pays ».

Cependant cette église dans cet état de dénuement possède une décoration que beaucoup de curés lui envieraient :

« Si quelqu'un répugnait à reconnaître là une église,
« je le prierais de la voir là où elle est, c'est-à-dire
« dans un millier de pieux fidèles, remplissant ou en-
« tourant même sous la pluie et sur la neige cette
« humble enceinte, et ses yeux découvriront les pierres
« précieuses destinées à composer cette église d'inef-
« fable beauté, qui doit être éternellement heureuse
« dans le sein de Dieu même ; je le prierais de consi-
« dérer que celui qui, en naissant dans l'étable de
« Bethléem en fit une église digne de Dieu, descend
« ici tous les jours pour le bonheur des cœurs qui l'y
« adorent. Il daigne bien se rendre dans des réduits
« plus vils encore ».

La misère sous toutes ses formes règne parmi les populations qui habitent ces montagnes ; à l'entendre il est bien difficile de s'en faire une idée, tant elle paraît incroyable :

« Pendant les quelques mois que j'ai passés ici, il
« m'a été donné d'administrer bien des malades ; je
« courais avec joie porter les consolations de la reli-
« gion à ceux qui ne peuvent en avoir d'autres ; mais
« au retour ma tristesse était bien plus douloureuse-
« ment affectée lorsque, interrogeant le catéchiste qui
« m'accompagnait sur la cause de la maladie, je l'en-
« tendais presque toujours me répondre : Il n'y en a

« pas d'autres que la misère et la famine. Je conti-
« nuais ma route en silence, livré au remords de sur-
« vivre à ces infortunés, ne me voyant pas mourir de
« la même manière qu'eux. Cependant notre résidence
« est continuellement assiégée de pauvres, comme le
« sont en Europe les séminaires et les communautés
« religieuses ; et si quelque tyran en voulait aux tré-
« sors de notre église, par la grâce de Dieu la réponse
« de saint Laurent serait bien là toute prête. Une
" année de famine ou la persécution est pour ces pau-
« vres gens un tourbillon qui les enlève et les fait dis-
« paraître sans qu'on sache ce qu'ils sont devenus ».

En Chine, comme ailleurs, le prêtre est souvent à
même de constater les soins amoureux de la providence envers ses élus, surtout au moment de la mort.
En voici un trait bien frappant :

« L'année dernière, je priai un prêtre chinois qui
« m'accompagnait de passer dans un lieu où il y avait
« eu autrefois une nombreuse chrétienté, pour étudier
« le moyen d'y prêcher de nouveau la religion. Il y
« rencontra un vieillard, fort avancé en âge, qui tou-
« jours fidèle à ses devoirs pendant la vie, touchait
« alors à ses derniers moments. A la vue du mission-
« naire son visage s'épanouit et il se confessa avec les
« sentiments que devait inspirer une grâce si pré-
« cieuse et si inattendue. Deux ou trois jours après il
« avait rendu son âme à son Créateur ».

Qui ne serait transporté d'admiration en présence
des vertus suréminentes de notre Bienheureux ? Tout
à l'heure il regrettait de ne pouvoir mourir comme les
plus abandonnés des montagnes du Houpé ; enten-
dez-le maintenant s'élever sur les ailes de l'amour vers
le Cœur de Jésus dont il nous révèle les assistances
mystérieuses envers les âmes privées de tout secours
au moment suprême :

« Notre Seigneur a toujours soin de ceux qui aban-
« donnent tout pour lui ; et notre foi n'a pas besoin
« de ces preuves sensibles. Un père, une mère, un
« frère, une sœur n'auraient sans doute pas même une
« tentation de regret de n'avoir pas assisté un fils ou
« un frère chéri dans ces derniers moments, s'ils
« avaient une fois un peu senti ce que sent le divin
« *Cœur de Jésus*, ce que sent le *Cœur de la sainte*
« *Mère* qui assiste avec des sollicitudes et des ten-
« dresses ineffables tous ceux qui meurent dans le
« Seigneur.

« C'est dans ces cœurs sacrés que vous avez établi
« votre demeure, très cher cousin ; et c'est là que vous
« me donnez rendez-vous. Oh ! qui me donnera les
« ailes de la colombe, et je volerai y fixer mon séjour.
« Conjurez-les, ces T. S. Cœurs, d'attirer à l'odeur de
« leurs ravissants parfums mon pauvre et misérable
« cœur, et de le rendre digne d'eux et semblable au
« vôtre, auquel il veut être à jamais uni en eux et
« pour eux ».

Voici un trait de la miséricorde de Marie, obtenue
dans le cours de ses pénibles missions, par l'imposi-
tion de la médaille miraculeuse. Il le relate à un de
ses confrères avec une expression de bonheur et les
sentiments d'une tendre piété filiale envers la Reine
des apôtres :

« En novembre, les Chrétiens du centre où je m'é-
« tais rendu, me présentèrent une jeune femme at-
« teinte d'aliénation mentale depuis environ huit mois,
« me disant qu'elle désirait ardemment se confesser,
« et que quelque incapable qu'elle fût d'une pareille
« action, ils me suppliaient de ne pas lui refuser une
« consolation qu'elle avait tant à cœur. Le triste état
« où elle se trouvait réduite ôtait toute apparence d'u-
« tilité dans l'exercice de mon ministère auprès d'elle ;

« cependant je l'entendis par pure compassion. En
« la renvoyant, je la mis sous la protection de la
« Sainte Vierge, c'est-à-dire que je lui donnai *une*
« *médaille de Marie-Immaculée.* Elle ne comprenait
« pas alors le prix du Saint Remède qu'elle re-
« cevait ; mais elle commença dès ce moment à en
« ressentir la vertu, en éprouvant un mieux qui alla
« se développant, au point que quatre ou cinq jours
« après, elle était entièrement changée. A un désordre
« complet d'idées, à des appréhensions qui la tenaient
« continuellement dans des angoisses mortelles, où
« je crois que le démon était pour beaucoup, succé-
« dèrent le bon sens, le calme et le bonheur. Elle se
« confessa de nouveau et fit la Sainte Communion
« avec les sentiments les plus vifs de joie et de fer-
« veur. — Ce trait particulier de bonté de la mère de
« Miséricorde vous surprendra sans doute peu, vous
« qui savez si bien que toute la terre est remplie de la
« *Miséricorde de Marie ;* mais votre bon cœur sera
« ravi d'avoir cette nouvelle occasion de lui en rendre
« des actions de grâces particulières ».

De son côté, lui ne manque pas à ce devoir de reconnaissance. Ses joies et ses succès ne les doit-il
pas à sa puissante intervention ?

« Depuis la Nativité de l'année dernière jusqu'à la
« Pentecôte, j'ai fait 17 missions ou visites de chré-
« tientés. Notre vocation nous met souvent à même
« d'être les heureux témoins de merveilles qui mani-
« festent si divinement les richesses de son cœur Im-
« maculé. Cette année par exemple, dans ce district,
« nous aurons été consolés et édifiés, non seulement
« de voir huit adultes recevoir le baptême avec fer-
« veur et un bon nombre de catéchumènes se préparer
« à recevoir bientôt la même grâce, mais encore de
« ramener au bercail bien des brebis depuis longtemps

« égarées ; entre autres, une femme qui, donnée aux
« païens dès la plus tendre enfance, reparaît à l'âge
« de 60 ans pour édifier les autres Chinois par une
« générosité surprenante ; un vieillard, sur le bord de
« la tombe, qui, après 30 ans d'apostasie brûle l'idole
« à laquelle il avait, avec sa famille, si souvent offert
« un encens sacrilège, etc. ».

Cet intrépide enfant de Saint VINCENT était venu en
Chine pour y chercher des souffrances ; si le bon Dieu
lui ménage de douces joies apostoliques, il pourra
cependant rassasier son désir, car on comprend sans
peine combien est dure dans cette contrée la vie du
missionnaire. — Les maisons n'ont point de chemi-
nées ; le jour n'y pénètre que par quelque ouverture
très étroite : en général elles sont obscures et mal-
saines et l'on ne peut y allumer du feu sans être enveloppé d'une épaisse fumée qui fatigue la poitrine et
les yeux. Un peu de riz, des herbes cuites à l'eau,
une nourriture sans assaisonnement et souvent mal-
propre : voilà ce qui doit soutenir les forces d'un
homme épuisé par le travail et par des voyages inces-
sants. Son lit est le plus souvent une simple planche
avec une couverture. Ajoutez à ces privations les incommodités occasionnées par les chaleurs, la faim,
la soif, etc. et vous aurez une idée de la vie apostolique en Chine.

Le serviteur de Dieu avait aussi beaucoup à souffrir
de la faiblesse de son tempérament et de plusieurs infirmités. Mais comme si tout cela ne lui suffisait pas,
il traitait son corps avec une grande austérité, portant
autour de ses reins une chaîne de fer. Errant en divers
lieux, vivant parmi les chrétiens pauvres et souvent
couverts d'une vermine immonde, il ne pouvait s'en
garantir lui-même ; mais, par esprit de pénitence et
à l'exemple de plusieurs saints, il se laissait dévorer

en quelque sorte tout vivant, et ne cherchait pas à se débarrasser de ce supplice.

Enfin, comme les chrétiens pouvaient être appelés à confesser Jésus-Christ devant les tribunaux, il s'applique à les affermir dans la foi par de fréquentes exhortations. Il leur lisait souvent les *actes des Martyrs* afin de leur mettre devant les yeux des modèles qu'ils puissent imiter. Au récit de ces glorieux combats, on le voyait s'exalter lui-même et brûler du désir de sacrifier sa vie pour son divin Maître.

L'occasion ne se fera pas longtemps attendre de donner à Dieu ce suprême témoignage d'amour.

TROISIÈME PARTIE

TEMOIGNAGE D'UNE BELLE MORT

CHAPITRE PREMIER

L'ANNÉE SAINTE

15 septembre 1839 — 11 septembre 1840.

> « *Jusqu'à la mort, je refuserai de renier ma*
> « *foi et de fouler aux pieds le crucifix* ».
> (Au mandarin du prétoire).

Rappelez-vous vos impressions quand, aux grands jours du deuil catholique, à l'office du vendredi saint, le ministre sacré de l'église annonce au peuple recueilli le récit évangélique.

Il débute par ces paroles si solennelles et si expressives dans leur laconisme religieux : « *Passio Domini nostri Jesu Christi* ». Voici la narration de la passion de Jésus-Christ. Vous éprouverez sans nul doute ces mêmes émotions saintes à la lecture de ce drame émouvant, qui, commencé dans les prisons chinoises, se dénoue, après des phases si lugubres, au sommet d'un calvaire.

Oui, si, dans le cours des âges, le divin Maître à rencontré des amis passionnés de sa croix ; si Jésus a compté parmi ses adeptes des légions d'athlètes, dignes de son calvaire, il faut convenir que JEAN-GABRIEL fut un disciple de marque, associé d'une manière spéciale à sa douloureuse passion. Et cette grâce insigne que la terre lui envie, fut sans nul doute la récompense de son ardent amour et de la constance inébranlable qu'il a su déployer pour reproduire en sa personne les traits de son Jésus. *Ma vie est en Jésus-Christ ; et la mort m'est un gain;* c'était hier sa devise, c'est aujourd'hui son cri de guerre, ce sera demain son chant de triomphe.

Pour suivre notre apôtre depuis le jour où il est arrêté dans une forêt voisine du petit village où il prêche l'Evangile, jusqu'au moment de sa mise en croix sous les murs de *Ou Tchang Fou,* peu s'en faut qu'il ne suffise de relire ces pages que les prophètes qui l'ont annoncée, et les évangélistes qui l'ont racontée, ont consacrées à la passion du Fils de Dieu. On serait presque tenté de croire qu'ils ont, en même temps, écrit l'histoire du maître et du disciple.

Il sort de l'arène apostolique ; et, à vrai dire, son ministère public, sa vie de *combat* semblerait toucher au terme. Détrompez-vous. Ce sera sa carrière la plus féconde, parce qu'elle sera la plus méritoire par un troisième et plus éclatant témoignage, celui d'une belle mort.

L'année sainte est ouverte ; pendant douze mois de souffrances, il sera torturé, flagellé, mis aux fers, accablé de douleurs physiques et morales. Mais, si ses mains sont enchaînées, si les liens de ses pieds cruellement meurtris paralysent les élans de son zèle, s'il souffre en un mot persécution pour la justice, le verbe de Dieu n'est pas enchaîné; ses lèvres virginales s'ouvriront pour bénir le nom de Jésus et il le confessera sans défaillance dans les cachots, au prétoire, et jusque dans les horreurs de la strangulation. Vous donc qui désirez tant voir un *saint vivant*, et apprendre d'un chrétien comment il faut souffrir pour la cause du Christ, dispensez-vous de feuilleter les pages de notre histoire religieuse des quatre premiers siècles, écrites avec le sang de nos martyrs, et signées des noms illustres de confesseurs de la foi. Oubliez un instant les scènes horribles de nos amphithéâtres où la cruauté des empereurs romains jetait en pâture aux bêtes féroces ceux qui refusaient de se prosterner devant les idoles du paganisme. Regardez avec quelle sérénité JEAN-GABRIEL endure ces tourments atroces et suivez-le dans les différentes stations de ce nouveau chemin de croix, devenu pour ce jeune apôtre du Houpé la voie royale qui le conduira au ciel.

Ici, c'est comme un reflet de Gethsémani qui se projette sur toutes ces scènes barbares et sanglantes et achève de transfigurer le saint confesseur de la foi. C'est par l'agonie que la passion du Sauveur a commencé, c'est aussi par une agonie que le bienheureux entre dans la carrière des souffrances. Dieu l'appelait à cet honneur, Lui qui voyait la violente persécution que l'enfer allait déchaîner si soudainement contre les chrétiens du district et que rien de saillant ne pouvait faire encore humainement pressentir.

Le Ciel, qui avait déjà choisi lui-même la victime, commence par lui envoyer l'une des plus cruelles épreuves qui puissent visiter l'âme du saint. Pendant plusieurs mois notre bienheureux se croit réprouvé et à jamais exclu du royaume céleste. Toute lumière s'était retirée de lui, et son cœur, tourmenté des plus cruelles frayeurs, était enveloppé de ces ténèbres épaisses dont parle le psalmiste. Et il s'écriait avec angoisse : « *C'est inutilement que j'ai dépensé mes* « *forces et ma vie* ». Son crucifix, qu'il lui suffisait de regarder autrefois pour trouver la lumière et la force, était devenu muet. Dieu eut enfin pitié de son disciple : c'est un ange qui était venu autrefois consoler l'agonie du Sauveur ; c'est le Sauveur lui-même qui lui apparaît tel qu'il était sur la croix, jetant sur lui un regard d'une ineffable bonté. Aussitôt réconforté par cette vision divine, ses terreurs s'évanouissent et son cœur se remplit d'un sentiment de paix inaltérable. Le lendemain il avait repris sa sérénité habituelle ; et sur ses traits, on ne lisait aucune trace des ravages causés par cette douloureuse épreuve ! Il ne lui en restait qu'un bien doux souvenir des bontés infinies de Dieu et aussi un secret pressentiment du glorieux combat qu'il devra soutenir pour sa cause.

La paix la plus profonde renaît alors dans la province où il réside ; cependant, jaloux du bien que le grand lutteur a réalisé, à la pensée de celui qu'il doit faire encore, l'ennemi de Dieu et des âmes frémit de rage et communiquant sa fureur à ces hommes de la race du démon qui sont toujours prêts à servir ses desseins, il suscite contre ces paisibles chrétientés une persécution d'autant plus redoutable qu'elle est plus imprévue.

Nous sommes au matin du 13 septembre 1839. C'est un dimanche, le bienheureux vient de célébrer les saints mystères ; il est encore dans l'église, abîmé dans la plus fervente adoration, quand on accourt lui annoncer que la persécution sévit avec violence. A l'horizon déjà se dessine la sinistre silhouette de deux commissaires mandataires sans doute du vice-roi ; ils sont accompagnés de plusieurs mandarins avec une bruyante escorte de satellites. On les voit arriver au pas de course pour se saisir de sa personne et de tous les prêtres actuellement dans la résidence des missionnaires. Le serviteur de Dieu feint alors de ne pas croire à l'imminence du danger ; il en coûte à son cœur de prêtre d'abandonner ainsi le troupeau confié à sa sollicitude. Mais bientôt les cris des satellites redoublent ; les voilà. Tout le monde prend la fuite ; plus d'illusions possibles. Il doit s'éloigner à son tour.

Le lendemain, après des marches et des contre-marches pour donner le change à ses persécuteurs et se soustraire lui et ses compagnons à leurs recherches, le saint athlète s'arrête, à bout de forces, dans une forêt voisine. Il s'y croit en sûreté ; mais trente taëls qu'on a fait miroiter aux yeux de cette populace, ont tenté la cupidité d'un Judas. C'est un de ses néophytes qui joue dans cette scène ce rôle cynique ; c'est un des siens qui consent à découvrir la retraite de celui duquel il n'a reçu que des bienfaits. Partout alors s'accentue un redoublement de haine ; les bourreaux se précipitent sur leur victime avec une rage infernale. Rien n'égale l'horreur de leurs blasphèmes que la brutalité des coups qu'ils multiplient sans relâche ; ses épaules mises à nu, déchirées avec le tranchant du sabre, sont aussitôt recouvertes de misérables haillons. Dans cet appareil humiliant, on le traîne devant le mandarin pour subir un premier interrogatoire. A la sortie du tribunal, sur un ordre des autorités, un garde païen l'enferme toute la nuit dans une infâme geôle. C'est là que le lendemain on vient le saisir pour l'enchaîner. Suivons ce triste cortège. A la suite des soldats, quel est ce malheureux chargé de chaînes, couvert de blessures, les vêtements en lambeaux ? N'hésitons pas à reconnaître dans ce douloureux appareil le saint prisonnier qui se traîne à la suite de cette cohorte en courroux. Il va succomber lorsqu'un

lettré païen, chef d'une bourgade avoisinante, demande
et obtient la faveur de le faire conduire à ses frais jusqu'à la ville ; et, c'est avec les sentiments d'une sincère compassion qu'il accompagne lui-même son malheureux protégé.

A partir de ce moment, le confesseur de la foi est
traîné comme son maître de tribunal en tribunal ; et,
dans les actes d'aucun Martyr, on ne rencontrerait ni
plus effrayantes tortures ni pires raffinements de
cruauté. Mais, revêtu de la plénitude de la force divine,
encouragé par le sourire de Marie, reine des Martyrs,
il monte à son calvaire avec une sérénité d'âme qui
semble resplendir sur sa chair meurtrie ; oh ! qu'il
est beau à voir, dans son corps mutilé et sanglant,
déjà tout rayonnant de la gloire que le ciel lui réserve.

Dans son admirable office de la Dédicace, l'Eglise
compare les chrétiens à des pierres vivantes qui doivent être taillées par le marteau de l'architecte divin
pour entrer dans la construction de la céleste Jérusa-
lem. Parmi ces pierres il en est de plus belles, plus
précieuses, ce sont les saints, les âmes d'élite ; ces
pierres sont destinées à une place d'honneur. Mais,
pour être dignes de figurer comme un ornement de la
divine architecture, il faut qu'elles soient sculptées
avec soin ; aussi l'ouvrier les brise, les taille, les
fouille, les polit jusqu'à ce qu'elles aient atteint toute
la beauté idéale de l'artiste. Les saints, d'ailleurs,
doivent servir d'exemple à la grande famille des chrétiens ; il faut donc que nous les voyions aux prises
avec la souffrance, que leur perfection soit manifeste
à tous les yeux, que leur vertu rayonne, que leur vie
soit la copie de la vie du Christ le divin modèle. Dieu
les jette dans le creuset de la souffrance, d'où, après
avoir dépouillé les scories des misères humaines, ils

sortent purs et brillants comme l'or. C'est là l'explication des épreuves terribles par lesquelles passe notre prédestiné.

Jésus continue à partager ses souffrances comme ses mérites avec son vaillant disciple ; s'il refuse de dénoncer les chrétiens ou d'abjurer sa foi, on le frappe au visage avec une épaisse férule de cuir, et de ses joues tuméfiées, de sa bouche meurtrie, s'échappent des flots de sang. Bientôt on place devant lui le Crucifix et on lui enjoint de le fouler aux pieds ; quel déchirement pour son cœur d'apôtre ! Il proteste alors avec les sentiments de la plus noble indignation et ne donne même pas à ces misérables la consolation de reconnaître les crimes qu'on impute si calomnieusement aux chrétiens. Les coups de bambou retombent de nouveau sur son corps broyé, avec un surcroît de moqueries et d'insultes.

On le force, plusieurs fois, de se revêtir des ornements sacerdotaux, parce que, d'après un bruit généralement répandu, il porte un habit impérial dans les assemblées des chrétiens, afin d'accoutumer peu à peu le peuple à le regarder comme son chef et à se frayer ainsi la voie au souverain pouvoir. Mais au milieu de ces sarcasmes, de son cœur ulcéré ne s'échappe cependant aucune plainte ; sur ses traits on saisit moins l'impression de la douleur que le reflet de cette âme toujours aussi calme, aussi unie à Dieu et qui se réjouit de souffrir pour son amour. Tant de douceur unie à tant de force ne fait qu'irriter la colère de ses bourreaux, et surtout du vice-roi de la province. Un jour, ce magistrat, dans un accès de fureur, s'élance de son siège ; et, arrachant des mains des satellites l'horrible férule dont, à son gré, ils se servent avec trop de mollesse, il se met à le frapper avec un redoublement de rage : « *C'est en vain*, s'écrie-t-il, *que vous désirez mourir ; je vous ferai encore longtemps souffrir ; et, cette mort que vous souhaitez, vous ne la trouverez qu'après avoir épuisé les plus atroces tourments* ».

L'ennemi juré du nom chrétien tient parole et l'on voit alors des inventions de cruauté que le prétoire de Pilate et le palais de Caïphe n'avaient point connues.

Ramené devant le vice-roi, comme il est désormais incapable de marcher ou de se soutenir, des satellites se saisissent de sa personne et le mettent à genoux sur des chaînes de fer tendues au-dessus du sol. Une fois dans cette douloureuse position, les cheveux attachés à un poteau, les bras en croix, on apporte une lourde pièce de bois qui comprime ses jarrets et aux extrémités de laquelle deux hommes viennent se balancer.

Détournons un instant nos regards de ces horreurs diaboliques et oublions tout ce qu'elles ont de repoussant et d'odieux, pour contempler la surnaturelle beauté du sublime patient. Tandis que tous ses membres sont brisés, que ses os se déplacent, que la vie semble près de s'échapper de son corps épuisé, il demeure si maître de lui qu'il conserve toute la force et toute la pieuse ardeur de son âme.

Enfin il donne la mesure de son invincible énergie dans cette réponse, qui dissipe sans doute les dernières illusions de ses bourreaux : « *J'aime mieux mourir que de renier ma foi ; ce serait ma plus grande joie que de mourir pour elle* ».

La victoire succédera au combat livré par ce vaillant soldat du Christ.

CHAPITRE II

LES DEUX PASSIONS

JÉSUS ET GABRIEL.

> « *Je suis chrétien, et prêtre de la religion*
> « *chrétienne, venu en Chine pour prêcher*
> « *l'Évangile* ».
>
> (Au tribunal du mandarin).

Nous avons parlé à plusieurs reprises des fréquents interrogatoires auxquels fut soumis le vaillant athlète et où il se montra d'un courage à toute épreuve. Le lecteur nous reprocherait de passer sous silence ces scènes qui font circuler dans toute âme chrétienne comme un frisson de sainte fierté.

Voici quelques-unes des questions captieuses posées par les magistrats des tribunaux. A ses réponses, vous le verrez toujours doux et patient, mais ferme et intrépide ; et, dans la crise si terrible que traverse l'Église aujourd'hui, l'exemple de ce généreux confesseur de la foi nous excitera à tout sacrifier au devoir. Ne sommes-nous pas à une heure où la profession du catholicisme est soumise à de rudes épreuves, où les caractères s'énervent et s'amollissent dans un sensualisme dégradant, où la loi de l'immolation semble de plus en plus méconnue dans l'individu, dans la famille et dans la société, où l'on n'a qu'une peur, la peur de la souffrance, et qu'une ambition, l'ambition des jouissances terrestres ? Eh bien ! au milieu de ces licences, de ces défections et de ces lâchetés contemporaines, qui ne bénirait le ciel de faire apparaître cette belle figure de soldat du Christ !

Si on l'interroge sur sa religion, sur sa patrie, il répond : « *Je suis chrétien, et prêtre de la religion chrétienne ; je suis Européen et je suis venu en Chine pour prêcher l'Évangile* ». Quelle page sublime !

— « Voulez-vous renoncer à votre foi ? »

— « *Jamais je ne renoncerai à la foi de Jésus-Christ* ».

— « Quels avantages espérez-vous retirer de la prédication de la doctrine chrétienne ?

— « *J'exhorte les hommes à connaître et à servir Dieu, afin que, par la pratique des bonnes œuvres, ils s'efforcent d'acquérir la vie éternelle, et d'éviter le sort de ceux qui font le mal et souffriront des supplices sans fin* ».

— « Quel dessein vous a amené en Chine ? »

— « *Je n'y ai point été attiré par l'appât des richesses, des honneurs, des applaudissements et des jouissances, mais par le seul désir de procurer la gloire de Dieu et le salut des âmes* ».

— « Si vous ne changez de sentiments, je vous ferai endurer de grands supplices ».

— « *Je ne fais aucune attention aux souffrances du corps, parce que je ne pense qu'au salut éternel* ».

C'en est trop ; le patient est encore une fois soumis à la torture ; à force de mauvais traitements l'inique mandarin espère triompher de sa victime. Sur son ordre on place l'image du Christ devant ses regards pour le provoquer à une lâche apostasie :

— « Reniez votre foi et foulez le crucifix aux pieds ».

— « *Jusqu'à la mort je refuserai de renier ma foi et de fouler aux pieds le crucifix* ».

— « Si vous n'abjurez, je vous mettrai à mort ».

— « *Fort bien, je serai heureux de mourir pour ma foi* ».

— « Si vous voulez fouler aux pieds le dieu que vous adorez, je vous rendrai la liberté ! »

— « *Eh ! comment pourrais-je faire cette injure à mon Dieu, mon Créateur et mon Sauveur ?* »

— « Que pourrez-vous gagner en adorant votre Dieu ? »

— « *Le salut de mon âme, le ciel où j'espère monter après ma mort* ».

Ce sont là tous ses désirs ; à la pensée du ciel son âme a pris courage et dans son cœur s'affermissent les sentiments de cette foi vive qui ont caractérisé son enfance. C'est par la foi qu'il remporte la victoire sur son tyran, sur ses bourreaux, sur toutes les puissances de l'enfer, comme l'ont fait, comme le feront tous les martyrs.

Le bref de béatification s'exprime ainsi : « Une consolation vraiment céleste, un honneur sans égal, ont été réservés à JEAN-GABRIEL par la divine bonté, c'est qu'au milieu des atroces supplices qu'il a endurés, il a offert des ressemblances particulières avec le Dieu rédempteur ».

Ces ressemblances, on les a entrevues dans le chapitre précédent ; on nous saura gré d'établir ici d'une manière plus saisissante cet étonnant parallèle :

Comme Jésus-Christ qui disait : « Je dois être baptisé d'un baptême de sang, et combien suis-je pressé de le voir s'accomplir ! », JEAN-GABRIEL soupire toute sa vie après le martyre.

Comme Jésus-Christ, dont la passion commence après trois ans de vie publique, c'est après trois ans d'apostolat en Chine qu'il entre dans cette dernière phase douloureuse qui doit le conduire à la gloire.

Comme Jésus-Christ à Gethsémani s'écriait : « Mon âme est triste jusqu'à en mourir », ainsi le bienheureux eut son agonie de plusieurs mois, pendant laquelle Dieu semblait l'avoir abandonné.

Comme Jésus-Christ a été réconforté par un ange dans cette cruelle épreuve, JEAN-GABRIEL est lui aussi favorisé d'une apparition et la vue du Roi des Anges dissipe ses terreurs, en lui permettant de goûter une paix délicieuse.

Comme Jésus-Christ a été trahi et livré par Judas pour 30 deniers, JEAN-GABRIEL est trahi dans sa retraite par un de ses néophytes et livré par ce nouveau Judas pour le prix de trente taëls.

Comme Jésus-Christ avait « pris avec lui trois apôtres, Pierre, Jacques et Jean », le bienheureux avait alors en sa compagnie trois compagnons, Thomas qui lni demeure fidèle, comme S. Jean ; un vieux catéchiste qui devait le renier plus tard comme S. Pierre ; et Philippe, qui comme S. Jacques trouve son salut dans la fuite.

Comme Jésus, au jardin des Oliviers, défend à Pierre de se servir de son épée pour repousser ses agresseurs, JEAN-GABRIEL refuse aussi à l'un de ses disciples dévoués qui l'accompagnent, l'autorisation d'user de violence envers les satellites.

Comme Jésus-Christ subit le traitement des voleurs et des scélérats : « Vous êtes venus vers moi, comme vers un voleur avec des épées et des bâtons », lui aussi est brutalisé, chargé de chaînes : pris par les cheveux, on l'accable de coups après l'avoir couvert des haillons de la pauvreté.

Comme Jésus-Christ a été traîné de prétoire en prétoire, devant Caïphe, Hérode et Pilate, le généreux confesseur de la foi conduit d'abord devant un mandarin civil est ensuite promené de tribunal en tribunal, de ville en ville, pour y répondre de ses doctrines, au milieu des sarcasmes et des blasphèmes, jusqu'au moment de comparaître devant le vice-roi de la province, qui le condamne à mort.

Comme Jésus-Christ, durant sa voie douloureuse, il reçoit l'aide d'un nouveau Cyrénéen dans la personne du lettré chinois qui obtient de le faire conduire en litière.

Comme Jésus-Christ, il est maltraité, injurié, souffleté, couverts de crachats, cruellement flagellé avec des bâtons de bambou et des lanières de cuir. « De la plante des pieds au sommet de la tête, il n'y a rien de sain en lui ; on a pu compter ses os. Sans beauté et sans éclat, il est apparu comme un objet de mépris, et le dernier des hommes ».

Comme Jésus-Christ fut abandonné des siens, le serviteur de Dieu eut la douleur de voir les deux tiers des chrétiens emprisonnés avec lui, apostasier publiquement. A peine quelques fidèles pour lui donner consolation dans sa douleur.

Comme Jésus-Christ fut renié par S. Pierre, le bienheureux voit son préféré, le vieux catéchiste Ly, jusque-là très affectionné aux missionnaires, renier sa foi et son maître, et vaincu par les tourments en venir jusqu'à le frapper et le maudire : « Si mon ennemi m'avait chargé de malédictions, je l'aurais plutôt souffert, mais vous qui aviez un même esprit avec moi, vous mon guide, mon confident ». Il semble que Ly ait reçu l'absolution de son crime, avec d'autres apostats, de la main du bienheureux : c'est le pardon de S. Pierre.

Comme Jésus-Christ fut revêtu de la robe blanche chez Hérode, puis du manteau de pourpre chez Pilate avec une couronne d'épines sur la tête et un roseau à la main en guise de sceptre, de même JEAN GABRIEL, sur l'ordre du mandarin, est revêtu des ornements sacerdotaux en plein tribunal, au milieu des huées de la populace.

Comme Jésus-Christ, après avoir confessé sa foi, il garde le silence, il souffre tout, avec une patience toujours égale et invaincue : « Jésus ne répondit rien, de sorte que Pilate en était tout étonné ». Sa conduite fait l'admiration des juges et des assistants : « Il a été mené comme une brebis à la boucherie, et il n'a point ouvert la bouche, non plus qu'un agneau qui demeure muet devant celui qui le tond ».

Comme Jésus-Christ priait pour ses bourreaux sur l'arbre de la croix, le saint confesseur, après les horribles séances de torture, tombe à genoux dans la prison pour remercier Dieu de lui avoir fait la grâce de souffrir pour son nom, et demande à Jésus leur pardon.

Comme Jésus-Christ absout le bon Larron : « En vérité, je te le dis, aujourd'hui même tu seras avec moi dans le paradis », ainsi tandis qu'il est torturé en plein tribunal ; notre généreux athlète donne plusieurs fois l'absolution en particulier à un apostat.

Comme Jésus-Christ a entendu les cris impies des pharisiens et de la foule : « Si tu es le fils de Dieu, descends de la croix ; sauve-toi toi-même... Il se confie en Dieu ; que Dieu le délivre donc maintenant, s'il veut », lui aussi a entendu le vice-roi proférer ce blasphème : « Maintenant que tu souffres, prie ton Dieu de te délivrer de mes mains ».

Comme Jésus-Christ a été abreuvé de fiel et de vinaigre au Calvaire : « Ils remplirent une éponge de vinaigre, et, la plaçant à l'extrémité d'un bâton d'hyssope, ils la lui présentèrent. Ils lui donnèrent à boire du vin mêlé de fiel » ; de même, sur l'ordre du viceroi, pour détruire le prétendu charme qui lui enlevait le sentiment de la douleur, on égorge un chien ; puis on le force à boire du sang de cet animal.

Comme Jésus-Christ, en signe d'une royauté ignominieuse, reçut une couronne d'épines que les soldats enfoncèrent sur son chef adorable ; ainsi le tyran fit graver sur le front du martyr, avec une pointe de fer rougie au feu, des mots chinois qui signifiaient : « propagateur d'une secte abominable ». Cette inscription formait autour de son front comme un diadème sanglant.

Comme Jésus-Christ qui, d'après le témoignage de S. Paul, « à la vue de la joie éternelle qui lui était proposée, a souffert la croix, en méprisant la confusion », le bienheureux se rend au supplice en courant, tout rayonnant de joie, comme vers le lieu de son triomphe. Son visage devenu resplendissant, donnait à sa chair un air de pureté qui fait crier au prodige.

Comme Jésus-Christ, en montant au calvaire « où il fut crucifié entre deux voleurs, portait la robe rouge », ainsi le martyr est revêtu de la robe rouge des condamnés ; il marchait nu-pieds, au milieu de plusieurs scélérats qui furent exécutés avec lui.

Comme Jésus-Christ, sur la croix, le regard tourné vers l'occident, fait entendre sa dernière prière : « Mon père, je remets mon âme entre vos mains », le bienheureux, parvenu au lieu de l'exécution, tourné aussi vers l'occident, lève les yeux au ciel et recommande son âme à Dieu.

Comme Jésus-Christ, dont « les soldats romains se partagèrent les vêtements après la crucifixion », avant d'être attaché à la croix notre martyr est dépouillé de

ses vêtements, et les satellites se disputent ses habits.
Et si les instruments de la passion du Sauveur sont
l'objet d'un culte spécial, les chrétiens chinois rachètent à prix d'argent ses vêtements et les instruments de son supplice pour les honorer comme de
saintes reliques.

Comme Jésus-Christ « souffrit la mort hors la ville »
sur le Golgotha, près d'un lac, JEAN-GABRIEL fut mis
à mort hors la porte de la ville, dans un lieu situé
près d'un lac ; c'était là qu'on exécutait les condamnés
comme au calvaire des Juifs.

Comme Jésus-Christ « fut cloué sur la croix, lorsqu'ils furent arrivés au lieu appelé calvaire », lui
aussi fut attaché avec des cordes à une croix pour y
subir la strangulation.

Comme Jésus-Christ, il mourut glorieusement un
vendredi, vers trois heures de l'après-midi, à l'âge de
trente-huit ans.

Comme Jésus-Christ reçut dans « le côté droit le
coup de lance du soldat romain », un satellite donna
au saint crucifié le coup de grâce pour s'assurer de sa
mort.

Comme pour Jésus-Christ, on constate avec une
douce expression de bonheur, la compassion des Sᵗᵉˢ
femmes, la profession de foi du centurion, les remords
du peuple ; ainsi, on retrouve ces mêmes sentiments
dans la présence des païens accourus en foule, et dont
les murmures protestaient si éloquemment contre la
sentence du tribunal.

Comme de Jésus-Christ, il est écrit dans les SS. évangiles : « Joseph d'Arimathie vint et demanda coura-
geusement à Pilate son corps, en même temps que
Nicodème portait une mixture de myrrhe et d'aloès
pour l'ensevelir au jardin dans un sépulcre tout neuf »,
ainsi du bienheureux : des chrétiens courageux rache-

tèrent aux satellites sa sainte dépouille ; et, après l'avoir emportée dans une chapelle voisine pour la revêtir de riches habits, ils l'ensevelirent sur le versant de la Montagne rouge, dans le cimetière chrétien, au-delà de la porte orientale.

Comme Jésus-Christ apparaît à Marie-Magdeleine, à Pierre, aux onze apôtres, ainsi le bienheureux martyr apparut glorieux au païen lettré qui lui avait prêté ses charitables offices, et à plusieurs autres personnes dont le témoignage ne peut être révoqué en doute.

Comme le tombeau de Jésus-Christ devint glorieux par le mystère de la résurrection auquel succède son ascension triomphante, ainsi le tombeau de JEAN-GABRIEL devient bientôt glorieux par des grâces nombreuses, et des guérisons miraculeuses. Et les foules se sont portées avec un enthousiasme inexplicable aux cérémonies de sa béatification.

Comme la mère de Jésus offre l'attitude de la plus sublime résignation au pied de la croix, la mère de l'illustre martyr laisse échapper de son cœur les sentiments les plus admirables de foi chrétienne : « Pourquoi hésiterais-je à faire à Dieu le sacrifice de mon enfant ? la Sainte Vierge n'a-t-elle pas sacrifié le sien pour mon salut ? »

Enfin, comme *l'histoire de Jésus* nous montre la fin misérable de ceux qui participèrent à la condamnation : Judas se pendit désespéré ; Caïphe fut destitué un an après la mort du Sauveur ; Hérode et Pilate furent déposés et exilés dans les Gaules où ils moururent misérablement ; ainsi les persécuteurs du bienheureux PERBOYRE eurent une fin malheureuse : les uns furent condamnés à l'exil, les autres disparurent à la suite de maladies mystérieuses. Et si le mandarin, responsable de sa criminelle arrestation, destitué de sa charge se pendit de désespoir, le vice-roi, dont la cruauté avait été si inique, fut condamné à l'exil par l'Empereur lui-même, à cause des vexations qu'il avait exercées dans la province.

Telles sont les ressemblances du disciple et du maître dans les principales phases de leur passion.

Nous avons tenu à les mettre en relief pour l'édification des âmes ; le moment est venu de reprendre le cours de ce récit, particulièrement émouvant. Suivons le saint confesseur de sa prison au prétoire pour l'accompagner sur le théâtre de son supplice.

CHAPITRE III

LE SANGLANT HOLOCAUSTE

15 janvier — 11 septembre 1840

> « *Si j'avais à souffrir le martyre, ce serait*
> « *une grande grâce du Bon Dieu, c'est une*
> « *chose à désirer et non à craindre* ».
>
> (Lettre à son père).

De retour dans sa prison, l'intrépide confesseur de la foi est tombé à genoux. C'est la prière préparatoire au dernier sacrifice. A ses souffrances unissons les nôtres et, avec le martyr, prononçons dans nos épreuves de chaque jour le *fiat* amoureux de la résignation chrétienne.

Obligés de s'avouer vaincus, les bourreaux ont énergiquement refusé de continuer une lutte qui les marque à jamais dans les annales chinoises d'un stigmate d'infamie. Pendant quatre mois en effet, sans trêve ni relâche, ils ont harcelé leur victime ; pendant quatre mois on les a vus déployer contre elle avec un acharnement féroce toutes les ressources d'une cruauté raffinée. Rien n'a été omis de ce qui pouvait lasser sa patience et triompher de son héroïque fermeté ! Dans la seule ville de *Ou-Tchang-Fou,* les actes de son martyre enregistrent plus de vingt interrogatoires, accompagnés des plus mauvais traitements.

Ce fut vraisemblablement vers la fin de janvier que le vice-roi de la province le condamna au supplice de la strangulation ; mais, comme la sentence ne peut être exécutée qu'après ratification de l'Empereur, l'apôtre du Houpé resta encore huit jours dans cette sinistre prison. On sait dans quel état lamentable les satellites l'y avaient porté et le lecteur s'étonne avec raison qu'un être humain ait pu survivre à de pareils assauts. Ses horribles blessures ont réduit son corps en lambeaux et mis ses os à découvert. La souffrance paralyse ses paroles ; il se voit contraint de rester couché sur la terre humide, incapable qu'il est de se tenir debout ou de s'asseoir par suite de ses douleurs et des entraves qui paralysent ses mouvements.

Tant que les mandarins le soumettaient ainsi à la torture, aucun chrétien n'avait eu accès auprès de lui ; on se flattait sans doute de l'espoir qu'en le privant de tout secours on parviendrait plus facilement à vaincre sa constance. Mais, après les derniers interrogatoires, on se relâcha de cette consigne sévère. C'est un de ses confrères, lazariste chinois, le bon M. Yang, qui, le premier, peut jouir d'une faveur jusque-là inespérée. Quel spectacle lamentable s'offre alors à ses regards ! En le voyant à terre, les membres sillonnés de déchirures sanglantes, à demi mort, son cœur est vivement affecté, les sanglots étouffent sa voix et ce n'est qu'avec beaucoup d'efforts qu'il parvient à lui adresser quelques paroles de fraternelle et religieuse sympathie.

Le désir du serviteur de Dieu était de profiter de sa

présence pour demander à son confrère une dernière absolution ; mais, il est gêné visiblement par deux officiers du mandarin qui ne le quittent pas dans la crainte, paraît-il, d'une tentative d'empoisonnement. Un des chrétiens qui accompagnent le prêtre les invite respectueusement à s'écarter un peu, pour permettre aux deux missionnaires de parler plus librement ; ces gardiens s'y prêtent avec une certaine bonne grâce.

Ce suave colloque a bientôt pris fin et les portes de la prison vont se fermer sur les pieux visiteurs. A ce moment de la séparation, le saint prisonnier recueille ses forces défaillantes pour élever la voix ; on l'entend alors solliciter avec une expression de tendresse inexprimable le secours de leurs prières ; et, comme on lui fait observer de ne point parler si haut à cause de la présence importune des satellites, un de ces officiers païens leur dit : « Priez, priez, vous n'avez rien « à craindre » ; puis il ajoute sur un ton rassurant : « Soyez tranquilles, nous aurons bien soin de lui ».

A partir de cette époque, le confesseur de la foi fut souvent visité par les chrétiens. A leur tête se distingue un catéchiste, nommé André Fong, qui lui rend des services signalés. Grâce à ses charitables industries, bientôt les gardiens sont presque de connivence. Très entendu dans les rouages de la diplomatie chinoise, et quelle diplomatie, grand Dieu ! il tourne les difficultés, s'insinue si bien, que le prisonnier ne tarde pas à recevoir quelques adoucissements pour corriger l'amertune de ses douleurs. Il y avait cependant une nourriture dont son âme était surtout avide ; c'était la Sainte Communion ; mais impossible de lui procurer ce bonheur, les soldats ayant la consigne ridicule de goûter à tous les mets qu'on lui offre. Force fut donc d'endurer la privation du céleste viatique pendant son séjour dans ce misérable cachot.

Comment traduire ici les sentiments de joie que lui fait éprouver la visite de son confrère M. Yang. Il en profite pour s'entretenir avec lui des choses du ciel et donner brièvement de ses nouvelles aux missionnaires de la résidence dont on l'a si violemment arraché. Sa lettre écrite en latin est tachée du sang qui ruisselle de ses mains. En voici la traduction : « Les « circonstances du lieu et du temps ne me permettent « pas de vous donner de longs détails sur ma posi- « tion ; vous la connaîtrez abondamment par d'autres « voies. Arrêté à Kou-Tching, je fus traité avec assez « d'humanité pendant tout le temps de mon séjour, « malgré deux pénibles interrogatoires. A Siang- « Yang-Fou, j'en ai subi quatre presque consécutifs, « à l'un desquels je fus obligé de rester une demi- « journée les genoux sur des chaînes de fer et suspendu « à la machine hang-tse. A Ou-Tchang-Fou, j'ai dû « comparaître à plus de vingt séances, et dans presque « toutes j'ai souffert diverses tortures pour n'avoir pas « voulu dire ce que les mandarins désiraient savoir. « Si j'eusse commis cette imprudence, certainement « il se serait allumé une persécution générale dans « tout l'Empire : cependant, ce que j'ai souffert à « Siang-Yang-Fou était directement pour la cause « de la religion. A Ou-Tchang-Fou, j'ai reçu cent dix « coups de bâton (pan-tse), parce que je n'ai pas « voulu fouler aux pieds la croix. A plus tard, d'autres « circonstances. Des vingt chrétiens environ pris et « traduits avec moi, les deux tiers ont apostasié publi- « quement ». Avez-vous bien lu ? Cent dix coups de bâton pour avoir refusé de fouler aux pieds la Croix de Jésus, cette croix tracée sur son front et sur son cœur, comme un premier gage donné à l'apostolat et au martyre, par le prêtre à cheveux blancs qui l'avait

baptisé : « Recevez le signe de la croix tant sur le
« front que sur le cœur ; et que la foi des divins pré-
« ceptes soit en vous ». Il n'avait pas besoin de ce
religieux souvenir pour se fortifier dans la lutte. Dieu
le soutenait visiblement au milieu des malfaiteurs et
des scélérats chargés de crimes, devenus pour la circonstance ses compagnons de captivité. Dans son cœur
de prêtre crucifié, il sent se réveiller les saintes énergies de la foi ; aussi les témoins journaliers de sa résignation ne tardent-ils pas à l'apprécier ? Des idées
jusqu'alors inconnues se font jour dans ces âmes en-
durcies. Admirateurs de tant de vertus, ils procla-
ment ses droits à toute sorte de respect et de consi-
dération.

Mais, bien loin de regarder cet état de captif comme
digne de compassion, le saint apôtre ne cesse au contraire de se féliciter d'un tel honneur. Nuit et jour, il
endure d'intolérables souffrances pour la pauvre nature humaine. Ce sont pour lui des souffrances bénies
parce que dans les desseins de la divine providence,
elles le marquent du sacre de Dieu et le rendent plus
conforme à son modèle.

Il n'a plus qu'à attendre la mort ; mais cette mort
dont la pensée glace d'effroi tant de malheureux, est
l'objet de tous ses désirs ; elle ne tardera guère.

Le 11 septembre 1840, un courrier impérial apporte
enfin l'édit qui ratifie la cruelle sentence ; et, d'après
l'usage établi en Chine, on doit sur le champ le mettre
à exécution. La nouvelle s'en répand bientôt ; c'est
un tumulte indescriptible. Partout s'élèvent des cris
de haine et de fureur sauvage. Au gibet, l'Européen !
comme autrefois dans les arènes païennes : Les chrétiens aux bêtes ! De sa prison JEAN-GABRIEL entend le
bruit de cette populace ameutée qui semble courir à

une fête. Des forcenés viennent l'enlever à l'improviste ; et comme son divin Maître on le conduit au supplice avec d'infâmes voleurs, condamnés eux aussi à périr ce jour-là. Quel funèbre cortège ! Non, c'est plutôt, il est vrai, une marche triomphale. Il s'avance nu-pieds ; ses mains liées derrière le dos tiennent une longue perche à l'extrémité de laquelle est écrite la sentence de mort.

Dans cet appareil de triomphateur, l'auguste victime a recouvré ses forces ; et, chose plus surprenante, les plaies ont disparu. Son visage est resplendissant, la chair de ses membres est devenue pure et nette comme celle d'un enfant. A cette vue, les assistants crient au prodige. Pour lui, les yeux au ciel, il s'achemine avec allégresse vers l'autel du dernier témoignage.

C'est l'usage en Chine de mener les criminels au supplice avec précipitation et au pas de course. Cette marche accélérée jointe au son des cymbales, donne aux exécutions capitales un caractère qui épouvante et fait frissonner les Chinois. Après un long trajet, le saint athlète arrive enfin sur la place où il doit consommer son sacrifice. Avertis par les rumeurs sauvages, les païens sont accourus en foule. Mais, comme plusieurs connaissent la patience et la douceur dont l'Européen a donné des exemples si admirables, soit dans les interrogatoires, soit dans sa prison, ils murmurent de ce qu'on va crucifier un homme si bienveillant.

Les satellites sont déjà à leur sinistre besogne ; pendant l'exécution de ses compagnons de captivité, GABRIEL à genoux offre à Dieu une prière d'actions de grâces. Et quelle prière devant cette croix dressée pour le recevoir ! Qu'il est beau dans cette attitude suppliante et recueillie ! Ce spectacle est si émouvant qu'un chrétien tout en larmes entendit des voix qui s'écriaient : « Voilà l'Européen qui se met à genoux et qui prie ».

C'est enfin le tour du Martyr : on l'attache au gibet avec des cordes ; ses deux mains, ramenées sur le dos, sont liées à la pièce transversale ; on replie ses deux pieds par derrière, de sorte qu'il est suspendu à six pouces au-dessus de terre. Et tandis que les autres condamnés ont été promptement décapités, il aura le privilège de savourer avec délices la joie de mourir pour la cause de la religion. N'est-il pas prêtre de Jésus-Christ ? Le vice-roi ne l'a point oublié ; aussi a-t-il prescrit un genre de supplice beaucoup plus cruel, et par sa barbarie et par sa durée. De la sorte le prétendu coupable expiera largement les crimes qu'on lui impute. Pour lui, le tourment barbare de la strangulation ; pour lui encore des raffinements inouïs.

Après une première et vigoureuse torsion, le bourreau lâche la corde comme pour donner au martyr le temps de se reconnaître et de bien sentir les affres de la mort. Peu après il la tend encore, puis de nouveau s'arrête. Au troisième effort seulement il donne une pression décisive ; mais comme le corps paraît conserver un souffle de vie, un des satellites s'approche et lance avec rage sur sa poitrine un dernier coup terrible.

C'était le triomphe du témoignage sanglant.

Le martyr expirait un vendredi, le même jour que son divin maître. Son âme radieuse prend son essor vers les cieux. L'ange de Montgesty lui en ouvre les portes. Notre-Dame de Roc-Amadour dépose sur son front la couronne des vierges ; Saint Vincent chante les victoires de l'apôtre ; Jésus offre à son disciple la palme des martyrs ; tandis qu'au hameau du Puech la mère magnanime, au récit de ces tortures et de la mort du « pauvre Chinois » renouvelle, dans un élan de foi sublime, le sacrifice qu'elle a, dès le berceau, fait à Dieu de son enfant. Ses regards où brille un éclair d'espérance se portent avec tendresse vers cette Montagne Rouge où repose (en attendant la glorification de l'Eglise) celui qui a donné à Jésus le témoignage d'une belle âme, le témoignage d'une vie féconde, le témoignage d'une belle mort.

Marie Rigal avait donné un ange à Dieu ; Dieu lui rend un martyr : c'était la récompense du ciel.

LIVRE DEUXIÈME

TÉMOIN GLORIFIÉ

PREMIÈRE PARTIE

TÉMOIN GLORIFIÉ PAR DIEU LUI-MÊME
SUR LE LIEU DE SON MARTYRE

CHAPITRE PREMIER

PRODIGES ET APPARITIONS

> « *Les Saints qui ont le mieux imité leur*
> « *modèle divin sont aussi les plus élevés dans*
> « *la gloire et les plus rapprochés de Notre*
> « *Seigneur* ».
> (Le directeur à ses novices).

Le drame sanglant est consommé ; JEAN-GABRIEL a rendu à Dieu le témoignage de l'amour le plus pur en mourant pour la foi. A son tour Dieu va le glorifier d'une manière éclatante par une multitude de prodiges et de miracles.

Aussitôt après sa mort, le corps du martyr devient un objet d'étonnement et d'admiration. Son visage n'est point défiguré, ses membres ont conservé leur souplesse et il ne présente aucun des caractères que l'on observe sur les cadavres des criminels condamnés à périr par la strangulation. Ceux-ci en effet sont horribles à voir, leurs traits déformés, leurs joues d'une lividité repoussante ; le sang découle de leur bouche convulsivement ouverte, et leurs yeux fixes et glacés s'échappent de leur orbite. On ne peut considérer ce spectacle sans éprouver une impression d'horreur. Or, d'après le sentiment unanime des témoins de son supplice, un phénomène tout autre et bien singulier s'est produit en faveur du Bienheureux. Son visage n'a subi aucune altération ; ses yeux sont, comme de son vivant, modestement baissés vers la terre, sa bouche est close, son teint vermeil. Aucune trace en un mot n'est relevée sur son corps ni des ravages de la mort, ni des souffrances, à tel point que plusieurs païens, étrangement surpris de ce phénomène, conseillent de l'exposer pendant quelques jours aux rayons du soleil, pour s'assurer si vraiment il a cessé de vivre.

Bientôt se succèdent toute une série de prodiges qui consacrent sa réputation de sainteté et commandent une profonde vénération pour le *Ton-Kon*, mort crucifié sous leurs yeux.

Un idolâtre qu'un de ses parents chrétiens vient de conduire auprès du martyr, se livre à un examen des plus minutieux ; puis après avoir constaté la flexibilité prodigieuse de ses membres, il est tellement frappé de cette merveille qu'il songe dès ce moment à embrasser le christianisme. Le lendemain on le comptait parmi les catéchumènes.

Conformément aux coutumes chinoises, le corps du Bienheureux reste longtemps en spectacle à la foule ; le moment est venu de procéder à son enlèvement. Quelle glorieuse descente de croix ! Les satellites le déposent dans un cercueil pour le transporter à la sépulture ordinaire des suppliciés. Ne se trouvera-t-il point quelque Joseph d'Arimathie pour demander cette précieuse dépouille et lui rendre les honneurs religieux?

Le catéchiste Fong, dont on se rappelle les sentiments de piété filiale, ne s'est pas laissé déconcerter par cette rapide disparition. Il a suivi avec anxiété toutes les péripéties de cette lugubre scène et son bon cœur saura lui suggérer un pieux stratagème. Sans perdre de temps, il se glisse dans la foule et s'achemine vers la porte où doit passer le cortège ; là, il se concerte avec d'autres chrétiens aussi courageux que lui pour tenter une démarche habile. Rien ne les arrête : à tout prix, il faut obtenir des porteurs les vêtements du martyr et l'échange du cercueil qui contient le corps de leur père. Grâce sans doute aux mérites de sa douloureuse passion, le ciel bénira leur sainte entreprise.

Les mesures sont bien calculées et le plan combiné avec une telle hardiesse et une stratégie si savante que tout réussit au gré de leurs désirs. La promesse d'une forte somme d'argent séduit visiblement ces malheureux. Déjà loin du lieu du supplice, ne redoutant plus le regard indiscret de quelque mandarin, ils se font délivrer et les vêtements du missionnaire et les instruments de torture et la bière où sont déposés ses restes précieux.

Enfin pour n'éveiller aucun soupçon, les complices du jeune Fong fournissent un cercueil rempli de terre, en échange de celui qu'ils reçoivent des satellites. Tandis que ceux-ci simulent l'inhumation du corps de Monsieur Perboyre, les chrétiens emportent en secret leur riche trésor et vont le déposer dans un oratoire voisin pour le soustraire aux profanateurs. Oh ! comme leur cœur bat dans leur poitrine ! Grâce à leur sang-froid, les projets sacrilèges des mandarins sont déjoués.

Il reste maintenant à couronner cette œuvre. A la faveur des ténèbres et libres désormais de toute crainte, ces généreux chrétiens revêtent ce corps vénérable de magnifiques habits confectionnés à la hâte. Puis après avoir baisé à genoux leur glorieux trophée, ils célèbrent avec une piété touchante les offices conformes aux usages du pays. Cette cérémonie renouvelée des premiers siècles de l'Eglise se déroule comme aux catacombes romaines, au milieu des émotions les plus poignantes. Mais aux larmes de deuil, succèdent aussitôt les sentiments d'une chrétienne allégresse.

Ce devoir rempli, ils se rendent avec toutes les précautions requises à la Montagne Rouge ; là, repose déjà en attendant l'heure du triomphe son glorieux devancier, le vénérable CLET, dont il a tant de fois envié la mort bienheureuse. C'est à ses côtés que ces fils dévoués déposent le corps de celui qu'ils appelaient hier leur père et qu'ils invoquent aujourd'hui avec la plus douce confiance, comme un puissant protecteur.

Quelques mois plus tard, on mit l'inscription suivante qui permit l'Invention de son corps lors du procès de sa Béatification :

INSCRIPTION

GRAVÉE EN CARACTÈRES CHINOIS

SUR

LA PIERRE DU SÉPULCRE A LA MONTAGNE ROUGE

~~~~~~~~~~~~~~~~~~

« Que la Lumière brille pour lui »

SÉPULTURE

DE NOBLE HOMME TONG [1].

APPELÉ GABRIEL AU SAINT-BAPTÊME,

RELIGIEUX DE LA CONGRÉGATION DE SAINT VINCENT,

MORT LA VINGTIÈME ANNÉE

DU RÈGNE DE L'EMPEREUR TAO-KUANG,

LE SEIZIÈME JOUR DE LA HUITIÈME LUNE

1. Nom chinois du B. JEAN GABRIEL.
~~~~~~~~~~~~~~~~~~

On se rappelle que, lorsque Monsieur PERBOYRE fut conduit de sa prison à la capitale du district, un païen, touché de compassion à la vue de ses souffrances et des difficultés qu'il éprouvait à marcher, l'avait fait transporter à ses frais dans une litière. Cette bonne action ne devait pas tarder à recevoir sa récompense. Atteint bientôt par une maladie cruelle, ce beau vieillard se trouve enfin conduit aux portes du tombeau. A ses côtés, ses parents ont perdu tout espoir, et tandis que lui-même est absorbé par les plus tristes et les plus sombres pensées, le Bienheureux Martyr lui apparaît en songe avec deux échelles l'une de couleur rouge sur laquelle il est appuyé, l'autre blanche par laquelle il invite le malade à venir en lui disant : « Vous souffrez là extrêmement, n'est-ce pas ? Montez où je suis, par cette échelle blanche ; et vous serez heureux ». Le moribond fait aussitôt de vigoureux efforts pour essayer de monter ; mais les démons jaloux s'opposent avec rage à cette nouvelle conquête. Soudain il se rappelle que les chrétiens se servaient de l'Invocation des Saints noms de Jésus et de Marie pour chasser les esprits des ténèbres. Il les prononce alors avec confiance, favorisé par une grâce intérieure du Bienheureux. Puis la vision disparaît, et il se sent tout à fait guéri. A son réveil, notre bon Miraculé s'empresse d'appeler les Catéchistes ; par eux il se fait instruire des vérités de la religion chrétienne, et engage vivement toute sa famille à suivre son exemple. Quelques jours après, régénéré dans les eaux saintes du Baptême, il mourait dans les plus beaux sentiments de piété, après avoir rendu grâce au bienheureux.

Enfin pour clore cette liste de faits prodigieux, voici les détails consignés dans la lettre d'un missionnaire qui a vécu de longues années en Chine et auquel nous sommes redevables d'une relation de ses voyages particulièrement intéressante, couronnée par l'Académie Française.

« Quand Monsieur Perboyre fut martyrisé, dit-il, une grande croix lumineuse et très régulièrement dessinée, apparut dans les cieux. Elle fut aperçue par un très grand nombre de fidèles de chrétientés très distantes les unes des autres. Beaucoup de païens eux-mêmes furent témoins de ce prodige et plusieurs s'écrièrent : « Voilà le signe qu'adorent les chrétiens. Je renonce aux idoles, je veux servir le maître du ciel ». Ils ont en effet embrassé le christianisme. Monseigneur Clauzetto a eu la consolation de leur administrer le baptême. A la nouvelle de ces faits éclatants, sa Grandeur n'y ajouta pas d'abord grande créance. Mais, depuis, frappé du grand nombre et de l'importance des témoignages il se livra à une enquête dans les formes canoniques, d'où il est résulté : (qu'une croix grande, lumineuse et bien formée, s'est montrée dans les cieux ; qu'elle a été vue à la même heure, de même forme et de même grandeur, et sur le même point du ciel, par un grand nombre de témoins, chrétiens et païens, que ces témoins habitaient des districts très éloignés les uns des autres et qu'ils n'avaient pu avoir ensemble aucune communication). A cette déposition unanime, il ne reste plus qu'à ajouter l'opinion de sainteté qu'avaient conçue de Monsieur Perboyre tous les chrétiens qui l'avaient connu ».

Que dire des lumières intérieures, dont il a éclairé tant d'âmes éloignées de Dieu, des grâces de guérison, de conversion opérées sur son tombeau ? Contentons-nous de signaler les plus importantes faveurs relatées par ses premiers historiens.

CHAPITRE II

LE THAUMATURGE

Les circonstances merveilleuses qui entourèrent la mort du Bienheureux Jean-Gabriel Perboyre, et sa réputation de sainteté, inspirèrent à un grand nombre de personnes la pensée de l'invoquer comme un protecteur puissant auprès de Dieu.

Il semble cependant que ce soit sur son tombeau, aux portes de la ville, que prit naissance cette dévotion dont il devait être l'objet. Lorsqu'en 1858 Monseigneur Delaplace, Evêque de la Congrégation de la Mission, Vicaire Apostolique du Tché-Kiang, se rendit à Ou-Tchang, pour en ramener le corps du saint confesseur de la Foi, il fut frappé de voir quantité de gens du pays, païens ou chrétiens, s'empresser de recueillir religieusement les herbes et les racines qui croissaient dans ce sol privilégié. On lui apprit alors que ces plantes sauvages étaient un remède universel, qu'on en faisait des potions dont la vertu passait pour infaillible et que, par ce moyen, de nombreux malades avaient instantanément recouvré la santé.

Ce témoignage officiel est consigné dans une lettre du prélat en date du 2 Juin 1858.

Le serviteur de Dieu n'était pas invoqué avec moins de confiance et d'empressement, dans la contrée qui l'avait vu naître, et où, dès sa tendre enfance, il avait donné comme le pressentiment de sa sainteté future ; parmi les grâces extraordinaires obtenues, par l'intercession du martyre, le digne curé de Mongesty relate en l'année 1850 la guérison d'une pensionnaire des Dames blanches de Sarlat.

Une fièvre typhoïde des plus violentes avait conduit cette pauvre jeune fille aux portes du tombeau et son état était désespéré aux yeux des médecins. Autour d'elle ses compagnes et ses maîtresses en larmes, demandaient avec ferveur à Dieu de conserver cette enfant à l'affection d'une mère dont elle était l'espérance et la joie. Dans la matinée du 17 août 1844, Anne-Maldina Lalbenque avait reçu les derniers sacrements et l'aumônier du couvent exhortait cette femme chrétienne à adorer les volontés du Ciel.

La mère était résignée au sacrifice de sa fille ; mais se souvenant de la confiance que celle-ci avait souvent exprimée en l'intercession du B. Perboyre, elle fait célébrer une messe à cette intention et demande à tout ce pieux entourage de s'unir pour une neuvaine en l'honneur du martyr. Le lendemain de bonne heure, la jeune malade appelle sa mère : « Maman, dit-elle, ma langue est guérie, ma gorge ne me fait plus souffrir ; je me sens beaucoup mieux ». On juge aisément de l'allégresse commune ; à dater de ce moment, tout danger fut écarté ; la convalescence marcha rapidement. Le bruit de cette guérison miraculeuse se répandit bientôt dans la contrée, et quelques jours plus tard, sur la petite route du Puech, on pouvait voir un groupe de pèlerins, dans l'attitude de la prière. C'était la jeune fille accompagnée de sa mère et des membres de sa famille. Elles allaient rendre des actions de grâces au Bienheureux dans la maison qui fut son berceau.

Mais c'est surtout dans la famille de saint Vincent de Paul que ce culte devait trouver faveur, se traduire en touchantes manifestations de foi et de piété et devenir une ressource efficace dans les conjonctures les plus critiques. Parmi tous ces faits surprenants, deux guérisons survenues en des pays fort éloignés les uns des autres, méritent plus spécialement d'attirer notre attention, soit par les particularités touchantes qui les ont accompagnées, soit par l'autorité des témoignages qui les consacrent...

Le premier fait se passa à Paris en 1841, l'année qui suivit la mort du Bienheureux. La sœur Marguerite Bouysse avait alors 21 ans. D'un tempérament lymphatique, d'une santé délicate, affaiblie encore par plusieurs maladies, elle fut atteinte le 2 avril, durant son postulat, à l'hospice des Incurables-Femmes, d'une pleuro-pneumonie avec des caractères très alarmants. Cependant, un mieux se produisit dans son état et on crut aussitôt à un moment de convalescence. Après un petit séjour à la campagne, elle rentre définitivement au Séminaire des Filles de la Charité. Dans les premiers jours du mois d'août, le diagnostic du docteur Ratheau, médecin de la Communauté, est des plus pessimistes ; il le consigne par écrit après le premier examen sur la jeune malade. Tous les moyens suggérés furent mis en œuvre ; aucun ne réussit. Un changement d'air opérerait peut-être une heureuse réaction ; aussi n'hésite-on pas à lui procurer quelques jours de villégiature. Mais le mal redouble bientôt d'intensité ; et les vomissements qui se renouvellent avec une fréquence désespérante font pressentir un dénouement fatal. Sur ses instances, on ramène la sœur à Paris, où elle veut mourir au milieu de ses malades. On était au 22 août et les dernières observations du docteur furent si peu rassurantes qu'à moins d'un miracle, c'était à brève échéance l'heure du dernier sacrifice.

Cependant la Sœur Bouysse, abandonnée des médecins, n'avait point perdu confiance en Dieu. Elle a entendu avec une religieuse émotion le récit du martyre d'un jeune apôtre de la famille de Saint Vincent et se sent pressée de recourir à son crédit pour obtenir sa guérison. Une neuvaine commence aussitôt en son honneur. Le 25 au matin, ses souffrances deviennent plus aiguës ; la malade demande à se lever, mais les suffocations l'obligent à se recoucher. Elle s'assoupit aussitôt ; puis brusquement s'éveille et crie d'une voix forte : « Je suis guérie, donnez-moi à manger. J'ai faim ». Ses compagnes croient au délire. Sur son insistance et surprises de l'air de santé, de vie, subitement répandu sur sa personne, elles lui apportent un déjeuner très substantiel. Sa faim une fois apaisée, elle se lève heureuse de constater que ses forces ont reparu. C'était l'heure de la récréation ; Sœur Bouysse se rend au milieu de ses compagnes, qu'elle quitte le soir seulement pour se reposer du sommeil le plus calme et le plus profond.

Le lendemain, on la voit travailler toute la journée à étendre le linge sur les séchoirs de l'hospice ; et, le 27, reprendre sa nuit de garde dans les salles de ses chères malades.

Après avoir constaté lui-même cette guérison subite et inespérée, le docteur Ratheau manifeste le désir, cinq semaines plus tard, de revoir la sœur Bouysse.

« Aujourd'hui, 4 octobre 1841, écrit-il, j'ai voulu « examiner de nouveau la personne : son état est parfaitement maintenu. Jamais, m'a-t-elle dit, elle ne « s'est trouvée aussi bien ».

Puis le respectable médecin tire la conclusion suivante que nous livrons à la piété du lecteur comme un document irrécusable : « Une maladie organique cons-« tatée, lorsque la guérison s'opère en passant brus-« quement d'un état de gravité très grand à une santé « parfaite, cette guérison doit être considérée comme « l'effet d'une cause non naturelle, et pour parler plus « clairement, comme l'effet d'un miracle ».

Ce miracle était la récompense de la confiance que la sœur Bouysse avait manifestée en l'intercession du jeune martyr.

A Constantinople, dans le courant de l'année suivante, le Bienheureux PERBOYRE a accrédité de nouveau son pouvoir dans des circonstances presque analogues en faveur de la Sœur Antoinette Vincent, fille de la Charité. Et tous ne voient dans cette miraculeuse guérison que la glorification du Bienheureux qui en a été l'instrument et une grande grâce accordée à sa famille religieuse.

DEUXIÈME PARTIE

GLORIFIÉ PAR L'ÉGLISE APRÈS SON MARTYRE

> « *Nous serons glorifiés, si nous nous sommes*
> « *rendus conformes à Jésus-Christ. Les*
> « *Saints dans le Ciel ne sont que des portraits*
> « *du Christ ressuscité glorieux, de même que*
> « *sur la terre ils ont été des portraits du*
> « *Christ agissant, humilié et souffrant* ».
>
> (JEAN-GABRIEL à ses novices).

CHAPITRE PREMIER

ESQUISSE HISTORIQUE
DU PROCÈS DE BÉATIFICATION

(1843-1889)

I. — PRÉLIMINAIRES DU PROCÈS APOSTOLIQUE

1. — *Introduction de la Cause à Rome.* *1843*
Allocution consistoriale de Grégoire XVI à la   9 Juillet
commission d'Introduction de la Cause de 42
serviteurs de Dieu, mis à mort en Chine, en
haine de la Foi.

2. — *Publication du Décret de Grégoire XVI.* .   *1843*
Lettre de sa Sainteté à M. Etienne, Sup. G. (La   21
cause du Vénérable Perboyre est bientôt dis-   Octobre
traite de celle des autres Martyrs).

3. — *Premières informations canoniques* (Chine).   *1845*
Mgr Rizzolati, religieux franciscain, vicaire   31 Mai
apostolique du Hou-Quan, mandataire du cardinal préfet de la S. Congr. des Rites.

N. B.

(Le dossier de cette première enquête est envoyé à Rome ; mais les débuts troublés du
règne de Pie IX occasionnent un retard dans
le procès).

4. — *Lettres « Rémissoriales » au Vicaire aposto-*   *1855*
lique du Hou-Quan, avec injonction de com-
mencer une nouvelle enquête, au nom du Souverain Pontife ; sur ces entrefaites, le Hou-
Quan remanié, est divisé en deux Vicariats
Apostoliques :
(Nouveau retard dans l'instruction de la cause).

5. — *Première translation du corps du Bienheureux.*   *1858*
De la Montagne Rouge (Houpé) chez les Filles   18
de la Charité de Ning-Po (Chine). Mgr Delaplace   Juillet
(C. M.) Vicaire Apostolique du Tché-Kiang. M.
J. B. Etienne, supérieur général de la C. de la
Mission.

6. — *Translation définitive à Paris.* *1860*
Mgr Danicourt (C. M.), Vicaire Apostolique du   6
Kiang-Si.   Janvier

7. — *Reconnaissance canonique à Saint-Lazare.* .   *1860*
Procès-verbal de Son Eminence Mgr le Cardi-   25
nal Morlot, Archevêque de Paris.   Janvier

8. — *Décret de la S. Congrégation des Rites.* . .   *1860*
Sur la validité du 1ᵉʳ procès instruit en Chine   10
(Séance des Cardinaux présidée par son Em.   Décembre
le Cardinal Patrizzi, préfet de la S. C. des Rites).

9. — *Approbation de ce décret par Pie IX.* . .   *1860*
    20
    Décembre

10. — *Nouveau décret de S. S. Pie IX.* *1861*
Déclarant qu'on a obéi aux prescriptions du   18
Pape Urbain VIII, sur le « *Non-Culte* », c'est-à-   Février

dire : « qu'aucun des honneurs réservés aux Bienheureux ou aux Saints n'a été rendu au V. serviteur de Dieu ».

11. — *Congrégation antépréparatoire.* 1862
(Sous la présidence du Card. Const. Patrizzi, préfet de la S. Congr. des Rites, rapporteur de la Cause).

12. — *Le procès verbal de la Nouvelle Enquête* 1870
est envoyé à Rome.
Mais les événements de 1870, qui eurent un contre-coup si douloureux pour le St-Siège, occasionnent un nouvel et long arrêt dans l'Instruction de la Cause.

1880

II. — PHASE NOUVELLE DE LA PROCÉDURE

13. — *Reprise de la Cause de Béatification.* . . 1880
M. Ant. Fiat, Sup. Gén. de la Congr. de la Mission.

14. — *Examen du premier doute.* 1881
(En séance des Em. Cardinaux de la S. C. des   31 Mai
Rites). « Le 2ᵉ procès instruit en Chine par les Vic. Apost. du Hou-Pé et du Hou-Nan, est-il valide ? »

15. — *Décret affirmatif sur la validité du 2ᵉ procès,* 1881
instruit en Chine.   2 Juin
Approbation de S. S. Léon XIII.

16. — *Rapport remarquable de M. Ferdinand* 1882
Morani (avocat), révisé par le vice-promoteur de la Foi, et regardé comme l'expression même de la pensée de la S. Congr. des Rites.

17. — *Congrégation préparatoire au Vatican.* . . 1886
Examen simultané du double doute : « du   6 Juillet
Martyre et des miracles ». (Son Em. le Card. Dom Bartolini ; préfet de la S. C.)
M. Valentini (C. M.), postulateur de la Cause,

procureur Général de la C. de la Mission près
le S. Siège. Mgr Salluce, commissaire du St-
Office.

18. — *Décret de la Sacrée Congr. des Rites.* . .   **1887**
   « Le Martyre, la Cause du Martyre et les mira-   **12 Juin**
   cles du V. Servit. de Dieu sont-ils constatés ? »
   (Assemblée générale présidée par le Cardinal
   Charles Laurenzi, rapporteur de la Cause).

1888

III. — Succès de la cause de béatification

19. — *Décret pontifical (Léon XIII).* **1888**
   Sur le Martyre et les miracles.   **11 Mars**

20. — *Promulgation solennelle du Décret.* . . .   **1888**
   Concernant le Martyre et les miracles. (En la   **25**
   fête de Ste Catherine, V. Martyre).   **Novembre**

21. — *Assemblée générale de la S. Congr. des Rites*   **1889**
   tenue en présence du souverain Pontife :   **12 Mars**
   « Réponse au doute : peut-on en toute sûreté
   procéder à la Béatification ? »

22. — *Autorisation de l'Exhumation du corps* . .   **1889**
   (Pour en extraire les Reliques nécessaires).   **22**
   Lettre du Card. Laurenzi à Mgr l'Archevêque   **Mars**
   de Paris.

23. — *Reconnaissance canonique des Reliques.* .   **1889**
   par Son Eminence le Cardinal Richard, archev.   **25 Avril**
   de Paris.

24. — *Promulgation du décret de Béatification.* .   **1889**
   (En la fête de l'Ascension).   **30 Mai**
      Puis, Rédaction en forme de Bref des Lettres
   Apostoliques concernant la Béatification.

25. — *Solennités de la Béatification à Rome* . . .   **1889**
   Lecture du Bref de S. S. Léon XIII à la   **10**
   « Loggia » du Vatican.   **Novembre**

LA TRANSLATION DU CORPS DU MARTYR

Voici la lettre de la Sœur Antoinette PERBOYRE à son frère M. Jacques PERBOYRE à Paris :

Ning-Pô, 21 juillet 1858.

Mon très cher frère... La Grâce, etc.

Notre petite maison de Ning-Pô a le bonheur de posséder depuis quelques jours, une nouvelle arche d'alliance entre le Divin Maître et les deux familles de Saint Vincent : je veux dire les précieux restes de nos deux vénérables martyrs. Ce fut dimanche dernier, 18 courant, vers 11 heures du matin, que Mgr DELAPLACE reparut au milieu de nous. A peine au port, sa Grandeur nous fit prévenir, voulant que le son des cloches annonçât son heureux retour. J'étais la veille de la fête de Saint Vincent, occupée à panser des malades à la porte, quand tout à coup, vers 10 heures je vois arriver en toute hâte un de nos enfants portant un billet ainsi conçu :

« Sonnez les cloches, les Reliques sont arrivées ».

Aussitôt les joyeuses envolées de toutes les cloches de la résidence font retentir les airs de leurs accents de fête, pour annoncer ce grand sujet de joie.

Mille actions de grâces s'échappent alors de nos cœurs et de nos lèvres pour s'élancer vers le trône de Celui qui est le Roi et la force des martyrs. Pour moi, je m'empresse d'aller me prosterner devant le très Saint Sacrement et confier au cœur de notre bon Jésus les émotions et les transports du mien. O instants mille fois heureux, uniques dans la vie ! Le lendemain, fête de notre bienheureux père, Monseigneur vint donner le salut qui se termina par le chant d'un *Te Deum* solennel. Mieux que je ne saurais vous l'exprimer, mon cher frère, votre cœur peut comprendre et sentir ce qui se passa en moi pendant cette hymne d'actions de grâces. Sa Grandeur voulut bien nous honorer d'un petit cadeau ; elle nous donna un morceau du cercueil de notre vénérable frère ; elle eut même la bienveillante attention de me gratifier en particulier d'un *clou* de ce même cercueil : objet en apparence de peu de valeur, mais plus précieux à mon cœur que tout l'or de l'univers. Monseigneur nous dit ensuite qu'il avait recueilli plusieurs détails sur nos deux vénérables ; je pense bien qu'il ne manquera pas de vous les communiquer.

Le bonheur que nous avons eu de posséder ce précieux dépôt vous fera facilement conjecturer, mon cher frère, quelle a dû être pour nous la fête de Saint Vincent. Ajoutez à cela que nous étrennions notre belle chapelle, et vous verrez si notre divin Maître n'a pas été vraiment prodigue de ses bontés envers notre petite famille de Ning-Pô.

Déjà, mon cher frère, je me suis acquittée de toutes vos petites commissions auprès de notre vénérable, sans oublier celles de tous les membres de la famille. J'aurais grandement désiré annoncer cette bonne nouvelle à nos chers parents ; mais les chaleurs excessives de ces temps-ci me mettent hors d'état de leur écrire. Je compte sur vous pour la leur apprendre et leur accuser réception de leur chère lettre, etc.

Votre sœur tout affectionnée,

Gabrielle PERBOYRE.

Sœur Antoinette

La plus jeune des PERBOYRE fut la dernière survivante de cette famille privilégiée. Cette plus jeune avait 83 ans, et elle a fini sa vie et son labeur après 50 ans de séjour en Chine. Elle avait appris à des milliers d'enfants les noms bénis de Dieu et de la France.

A 18 ans, elle avait pris la route de la Chine ; car l'héroïsme naissait dans cette famille comme naît l'aiglon, qui n'attend pas, pour sortir, qu'il y ait des feuilles aux arbres de la montagne. La fille de saint Vincent avait épuisé les âcretés de toutes les tortures, sans que son bonheur fût altéré, sinon par une crainte: elle avait peur de ne pas être martyrisée. Le souvenir de son frère était pour elle l'astre d'or qui sillonne le firmament parmi les espérances, ces étoiles pâles. Usée jusqu'à la dernière fibre, elle est morte portant dans les profondeurs de son cœur envie à l'aîné, sorti de la vie par l'arc triomphal des élus. Elle était aussi la filleule de son frère martyr et s'appelait en religion sœur Gabrielle.

(V. à l'Appendice, p. 236).

CHAPITRE II

BREF DE BÉATIFICATION
D'U VÉNÉRABLE SERVITEUR DE DIÈU

JEAN-GABRIEL PERBOYRE

LÉON XIII, PAPE.

POUR PERPÉTUELLE MÉMOIRE

Par leurs œuvres admirables, les pieux missionnaires, disciples de Saint Vincent de Paul, se sont acquis une gloire éclatante dans la société chrétienne ; mais ils se sont particulièrement illustrés par leur ardeur à propager le catholicisme chez les peuples de la Chine, si bien que le souvenir de leurs travaux et le fruit de leurs efforts ne sauraient périr. En effet, dans l'accomplissement de cette tâche si ardue et si laborieuse, cette congrégation a donné de nombreuses preuves de ce que peuvent le zèle pour la religion et la charité envers le prochain ; c'est pourquoi Dieu a daigné se choisir dans ses rangs de belles et agréables victimes qui, à l'éclat de toutes les vertus, ajoutassent la palme triomphale du martyre.

Cette gloire, Dieu l'a accordée à JEAN-GABRIEL PERBOYRE, qui, après avoir, pendant près de cinq années, travaillé avec une admirable charité à enseigner la doctrine chrétienne aux Chinois, fut enfin livré au supplice et donna de grand cœur son sang et sa vie pour le Christ. Il naquit au hameau du

Puech, dans le diocèse de Cahors, le 8 des ides de Janvier de l'an 1802. Ses parents, PIERRE PERBOYRE et MARIE RIGAL, pleins d'attachement pour la religion et de sollicitude pour leur famille, eurent huit enfants, qu'ils formèrent si bien à la piété et à toutes les vertus, que cinq d'entre eux entrèrent en religion, et qu'une autre de leurs filles allait les imiter, lorsque la mort l'enleva. Mais JEAN-GABRIEL se distingua entre tous, et, dès sa première enfance, fit concevoir de lui les plus grandes espérances. Il est constant, en effet, que, tout jeune, bien différent de ceux de son âge, il fuyait les frivolités et les amusements, et ne fit jamais rien de répréhensible ; aussi son père, qui élevait des bestiaux, n'attendait pas qu'il eût plus de six ans pour lui confier la garde d'un petit troupeau. Mais Dieu, qui le destinait à paître d'autres brebis, voulut que, deux ans plus tard, ses parents changeassent de résolution à son égard, le fissent revenir des champs et le missent aux mains d'un maître d'école, qui devait l'élever et l'instruire.

On peut imaginer facilement avec quelle ardeur JEAN-GABRIEL, désireux d'apprendre et de développer son intelligence, s'appliqua à l'étude. Toutefois il ne travailla pas avec plus de soin à augmenter ses connaissances qu'à acquérir des vertus, qui devinrent si éminentes en lui, que tout le monde le regardait comme un saint et l'appelait de ce nom. Ainsi cet excellent jeune homme progressait en piété comme en âge, et l'on pouvait lui appliquer, avec une merveilleuse justesse, ces paroles du Sage : « La voie des justes est comme une lumière radieuse, et va croissant jusqu'au jour parfait ». Mais les dispositions de la divine Providence lui ménagèrent bientôt un facile accès auprès de la Congrégation de la Mission de Saint VINCENT. Son frère Louis avait quitté la maison paternelle pour se rendre au séminaire de Montauban, où il l'accompagna et où il resta quelques jours ; mais ses remarquables facultés frappèrent d'admiration les directeurs et les professeurs du séminaire, qui, le voyant du reste peu désireux de les quitter, ne voulurent pas le laisser partir. Ses parents y ayant consenti, quoiqu'à regret, il fut donc reçu avec joie parmi les élèves du séminaire, et appliqué d'abord aux lettres puis à de graves études.

Dans ce genre de travail, si nouveau pour lui, le jeune écolier se montra merveilleusement doué, plein d'ardeur et de persévérance ; réussissant en tout, il s'éleva au-dessus de ses condisciples et dépassa de beaucoup l'attente de ses maîtres. Ses succès en philosophie furent tels que d'élève il devint professeur. Mais la modestie, gardienne habituelle de la vertu, était si grande en lui, que, non seulement il ne se comporta jamais avec hauteur, mais qu'il aima mieux s'effacer que de briller au milieu de ses condisciples, et qu'il montra toujours cette humilité de sentiments qui est conforme au précepte chrétien : « Aimez à être ignoré et compté pour rien ».

Cependant, se sentant appelé de Dieu à entrer dans la Congrégation de SAINT VINCENT de PAUL, pour lequel il professait dès l'enfance une particulière dévotion, il demanda et obtint facilement d'être admis au nombre des séminaristes. Deux ans plus tard, il confirma, en prononçant ses vœux, le don qu'il avait déjà fait de lui-même à Dieu, et ce fut cette année même que le vénérable FRANÇOIS CLET eut la gloire d'être martyrisé en Chine et ravit ainsi à JEAN-GABRIEL l'honneur de remporter le premier la palme. Déjà celui-ci parcourait en pensée les vastes régions de la Chine et ne négligeait rien pour se préparer de son mieux à sa grande mission. Aussi s'appliqua-t-il avec le plus grand soin à l'étude de la théologie et des saintes lettres ; il mit en particulier, la plus vive ardeur à approfondir la doctrine de Saint THOMAS d'AQUIN, dans les œuvres duquel il aimait à puiser, comme à la source la plus abondante de la science chrétienne. Il avait acquis déjà un savoir étendu, lorsqu'il reçut à Paris, où il résidait, l'ordre du sacerdoce, le 9 des Calendes d'octobre, c'est-à-dire, ce qui ajouta encore aux transports de sa sainte joie, à la même date que Saint VINCENT de PAUL. Dès lors, considérant qu'il ne s'appartenait plus, mais qu'il était comme la propriété de Dieu, au service duquel il s'était irrévocablement lié, il résolut de se dévouer tout entier à la gloire de son Maître et au salut du prochain. Entrant avec ardeur dans la voie tracée par le Christ, il s'attacha fermement à ses pas, et ne s'en écarta jamais. Son éminente piété, la sainteté de sa vie l'élevèrent à un haut degré de ferveur et d'amour de Dieu, et lorsqu'il était à l'autel, tout absorbé dans la contemplation de ce mystère de la charité divine, quelque chose de céleste respirait sur ses traits et dans toute son attitude. Il n'est donc pas étonnant que ses confrères eussent pour lui la plus grande estime, et que, quoique peu avancé en âge, on lui confiât les fonctions les plus importantes et les plus honorables.

Mais, depuis longtemps, un grand désir s'était emparé de l'esprit de JEAN-GABRIEL, celui d'aller évangéliser les nations barbares. Il fit, à ce sujet, les plus vives instances auprès des supérieurs de sa Congrégation, et la divine Providence permit que ses vœux s'accomplissent. Comme sa santé était assez débile, les supérieurs demandèrent l'avis du médecin. Celui-ci déclara qu'un voyage si long, si pénible, exposerait ce jeune homme à une mort certaine. JEAN-GABRIEL redoubla ses prières et ses larmes, et comme on était à la veille de la fête de la Purification de la sainte Vierge, il prie, il supplie sa Mère du Ciel de lui obtenir d'atteindre enfin à l'objet de ses désirs. La Mère de Dieu exauça ses prières ; en effet, le médecin, durant la nuit qui suivit sa consultation, ne put dormir et fut tourmenté de scrupules : aussi, dès le point du jour, on le voit revenir, et, cette fois, il consent au voyage.

Sans retard, le vaillant héros du Christ quitte, au milieu des larmes de ses confrères, la maison mère de sa Congrégation, où il ne doit plus rentrer. Il se rend immédiatement au Havre de Grâce ; là, un vaisseau marchand était prêt à faire voile pour l'Orient. Il s'embarque, l'esprit tout rempli, comme il l'écrivit lui-même, du souvenir de son frère LOUIS, qui, plus jeune que lui et déjà mûr pour le ciel, était parti de ce même port pour les mêmes rivages, et était mort en route. Il traverse l'Océan sain et sauf, aborde aux plages orientales de la Chine, objet de ses désirs, et, près de Macao, quitte le navire qui l'a amené. De là, il se dirige vers la station que Dieu lui a assignée, et, au bout de deux mois, il y arrive sans que les fatigues d'un pénible voyage aient amoindri son courage.

Se pliant sans hésitation à un genre de vie tout nouveau pour lui, il n'a d'autre soin, d'autre préoccupation que de remplir avec zèle et sans en omettre aucune, toutes les fonctions de son ministère. L'étendue de sa mission, l'inclémence du ciel, les périls qui menacent sa vie ne sauraient le détourner de parcourir les chrétientés confiées à sa garde, d'affermir les néophytes dans la foi et de porter le flambeau de la vérité à ceux qui sont assis dans les ténèbres et dans les ombres de la mort. Le jour, la nuit, il est prêt à courir partout où son ministère l'appelle, et ne compte pour rien les fatigues, les veilles et le reste, du moment qu'il s'agit du salut éternel des âmes. Bien plus, comme si tous les labeurs, toutes les souffrances inséparables de sa situation, étaient trop peu de chose, il s'infligeait encore des tourments volontaires. Il n'habite que les huttes misérables des pauvres, se nourrit d'herbes cuites à l'eau, prend son repos sur des sarments, se flagelle cruellement et porte des ceintures hérissées de pointes de fer. Ajoutons qu'il lui semblait parfois que Dieu lui avait retiré son assistance, et que son âme était alors en proie aux plus douloureuses angoisses. Mais, comme autrefois un ange apparut à Jésus-Christ pour le fortifier, ainsi le Sauveur lui-même le rassura dans une céleste vision, et, l'invitant à mettre la main dans la plaie de son côté percé par la lance, il lui rendit courage et ranima sa confiance. Le jour suprême approchait, en effet, et l'heure n'était plus éloignée où l'invincible martyr devait donner le dernier témoignage de sa vertu.

Tout à coup s'élève une violente tempête : le préfet de la province rend un édit de persécution contre les chrétiens et les condamne à mort. Une consolation vraiment céleste, un honneur sans égal, étaient réservés à Jean-Gabriel par la divine bonté, qui permit que, au milieu des atroces supplices qu'il eut à endurer, il offrît des traits frappants de ressemblance avec le divin Rédempteur. En effet, lorsque, à l'approche des ennemis, il s'enfuit et chercha un asile dans la forêt voisine, un de ses disciples, émule de Judas, le livra pour trente onces d'argent. Lorsque survient la troupe des satellites en fureur, un autre de ses disciples, semblable à S. Pierre, veut tirer l'épée et repousser la force par la force ; mais lui, se souvenant de l'exemple du divin Maître, lui ordonne de déposer son arme et se rend aux ennemis. Ceux-ci, imitant la conduite des Juifs avec Jésus, se saisissent de leur prisonnier, le maltraitent, le frappent de leurs épées et, pour comble d'humiliation, le traînent, demi-nu, dans une ville remplie de marchands. Sans retard, on le conduit au tribunal, et là, les mains liées derrière le dos, il doit répondre à genoux, au juge qui l'interroge sur sa patrie et sur sa religion. A peine s'est-il déclaré chrétien, que la foule l'accable d'invectives et d'opprobres ; le juge, transporté de colère, ordonne de resserrer ses liens, et, faisant venir un homme, que sa cruauté a fait surnommer le « Tigre », il le charge de le garder ou plutôt de le faire souffrir. Le jour suivant, les soldats le conduisent à une ville assez éloignée, et il doit faire la route à pied. Mais il se rencontre un imitateur du bon Cyrénéen, qui vient au secours du saint missionnaire, mourant de faim, le corps couvert de blessures et prêt à défaillir. Après son martyre, Jean-Gabriel, se souvenant de son bienfaiteur, lui apparut miraculeusement et, lui parlant avec bonté, l'exhorta à embrasser le christianisme, et lui obtint de Dieu les célestes récompenses. Mandé au tribunal du préfet militaire, il confessa sa foi, puis, à l'exemple de Jésus, ne répondit plus. Alors on le souffleta, on le flagella cruellement, puis il fut jeté dans la plus horrible prison.

Toutefois, on peut le dire, ses plus cruelles souffrances ne furent pas celles qu'il endura dans son corps, mais dans son âme. On lui ordonna de fouler aux pieds l'image de Jésus en croix. Il la prit avec respect et la couvrit de ses baisers et de ses larmes; alors ces hommes infâmes se saisissent de la croix et de l'image de la Vierge Marie et les profanent par les plus abominables outrages. A cette vue JEAN-GABRIEL ressentit une si profonde douleur, qu'on crut qu'il allait expirer. Ce qui le fit aussi cruellement souffrir, ce fut de voir plusieurs de ses disciples abjurer la foi et, à l'instigation de ses juges, lui reprocher ses bienfaits, en outrageant notre sainte religion. Bafoué, livré comme un jouet à l'insolence de ses bourreaux, jeté dans un cachot plus étroit, son corps est déchiré par les fouets et les instruments de torture, au point que son sang coule à grands flots et que ses chairs volent en lambeaux ; un fer rouge le marque au front d'un stigmate d'infamie, il souffre tous ces divers tourments, il dévore tous ces outrages avec un calme invincible. Enfin, après tant de raffinements de cruauté auxquels, durant toute une année, il opposa une inébranlable constance, tenant dans les mains une perche sur laquelle on lisait la sentence de mort prononcée contre lui, accompagné de cinq scélérats qui allaient expier d'horribles forfaits, il fut conduit au dernier supplice. Le héros semble marcher au triomphe, tant son visage est calme et souriant ; le cou entouré d'une corde, il est attaché à un gibet en forme de croix, et met le comble à ses admirables vertus en souffrant le martyre le troisième jour des ides de septembre de l'année 1840, un vendredi et presque à l'heure même où notre divin Rédempteur expira.

L'heure, le genre, les circonstances des deux morts se ressemblent, et l'on ne saurait refuser à JEAN-GABRIEL une place parmi ces bienheureux que Dieu « *a connus par sa prescience* « *et qu'il a prédestinés pour être conformes à l'image de son* « *Fils* ». Grande était déjà la réputation de sainteté de JEAN-GABRIEL : mais, après son glorieux martyre, elle s'accrut encore et s'étendit au loin, et comme l'Asie, l'Europe célébra ses vertus. C'est pourquoi le souverain pontife Grégoire XVI, de sainte mémoire, approuvant la sentence de la congrégation particulière des saints rites, nommée et décrétée par lui, signa de sa propre main, le 9 juin 1844, la commission d'introduction de la cause du vénérable serviteur de Dieu. Plus tard, par notre volonté et sur notre ordre, toutes les enquêtes nécessaires pour porter un tel jugement étant terminées, on commença, dans la congrégation des cardinaux préposés aux sacrés Rites, à examiner la question de savoir si, d'après les témoignages juridiquement recueillis, le martyre du serviteur de Dieu, la cause du martyre et les signes ou miracles opérés par Dieu, à la prière du Vénérable JEAN-GABRIEL, étaient constatés.

Tous ces points ayant été soumis à la plus sévère discussion, à la suite des suffrages exprimés par la sacrée Congrégation, Nous avons par le décret rendu le VII des calendes de Xbre de l'année dernière, solennellement déclaré que le martyre du vénérale serviteur de Dieu, JEAN-GABRIEL PERBOYRE et la cause de son martyre, illustré et confirmé par plusieurs signes et miracles, étaient constatés.

Il ne restait qu'à demander aux Cardinaux de la dite Congrégation si, étant approuvés le martyre et la cause du martyre illustré et confirmé de Dieu par plusieurs signes et miracles, on pouvait sûrement procéder à la Béatification du vénérable serviteur de Dieu, JEAN-GABRIEL PERBOYRE, et les Cardinaux dans l'assemblée générale tenue en notre présence, le IV des Ides des Mars de la présente année 1889, répondirent, avec un accord unanime, qu'on le pouvait en toute sûreté.

Nous, cependant, dans une affaire de si haute importance nous différâmes de prononcer notre jugement, voulant auparavant implorer, par des ferventes prières, l'assistance du Père des lumières. C'est après l'avoir fait, que, dans la solennité de l'Ascension de Notre-Seigneur au Ciel, nous avons enfin décrété qu'on pouvait sûrement procéder à la Béatification solennelle du Vénérable Serviteur de Dieu JEAN-GABRIEL PERBOYRE.

En conséquence, nous rendant aux prières unanimes de la Congrégation de la Mission de St-VINÇENT DE PAUL, en vertu de notre autorité apostolique et par effet des présentes lettres nous permettons que le vénérable serviteur de Dieu JEAN-GABRIEL PERBOYRE, reçoive désormais le nom de Bienheureux, que son corps et ses reliques soient exposés en public à la vénération des fidèles, mais non point portés dans les supplications solennelles, et que ses images soient ornées de rayons.

En outre, toujours en vertu de notre autorité apostolique, nous concédons qu'en son honneur on dise chaque année l'office et la messe du commun d'un martyr, avec les oraisons propres approuvées par nous, selon les rubriques du *Missel et du Bréviaire Romain* ; nous permettons la récitation de cet office dans le diocèse de CAHORS et dans toutes les maisons et les églises de la dite congrégation à tous ceux qui sont tenus de réciter les heures canoniques ; et, pour ce qui est de la messe, notre permission s'étend à tous les prêtres, tant séculiers que réguliers, qui se rendront dans les Eglises dans lesquelles on célébrera la fête.

Enfin nous accordons que la solennité de la Béatification du vénérable serviteur de Dieu, JEAN-GABRIEL PERBOYRE, soit célébrée dans les Eglises susdites, avec l'office et la messe au Rite Double Majeur, ce que nous prescrivons de faire au jour qui sera désigné par l'ordinaire, dans le délai d'une année, après que la même solennité aura été célébrée, *vu les conditions des temps présents*, dans la salle supérieure du portique de la basilique vaticane. Nonobstant les constitutions et ordonnances apostoliques, ainsi que les décrets portés de *non culte* et toutes autres choses contraires.

Et nous voulons qu'aux exemplaires même imprimés des présentes lettres, pourvu qu'ils soient signés de la main du secrétaire de la susdite congrégation et munis du sceau du préfet, on ajoute, dans les discussions même judiciaires, absolument la même foi qu'à ces présentes lettres, expression de notre volonté, si elles étaient montrées.

Donné à Rome, près de St-Pierre, sous l'anneau du pêcheur le 9 novembre 1889, la deuxième année de notre pontificat.

M. Card. LEDOCHOWSKI.

CHAPITRE III

APOTHÉOSE A LA « LOGGIA » DU VATICAN

Novembre 1889. — 11 Novembre.

Nous empruntons le récit suivant à un heureux témoin des fêtes de la Béatification célébrées à Rome avec toute la pompe du culte catholique :

Comment décrire des choses qui se sentent, mais ne s'expriment pas ? Oui, l'Eglise est bien le royaume de Dieu ; Notre-Seigneur l'appelait ainsi. Et cette vérité, on la comprend mieux que jamais dans de telles circonstances. Aujourd'hui, nous avons vu des merveilles ; ce n'était pas le ciel, mais quelque chose qui ressemblait au paradis. Il est neuf heures du matin. Avec toute l'élite de la Colonie Française, sont réunies au Vatican de nombreuses députations des ordres religieux, notamment des deux familles de Saint Vincent de Paul. Le défilé commence : N N. S S. les Evêques présents à Rome escortent le Collège des Cardinaux pour vénérer les reliques de l'Illustre martyr qui vient d'être élevé à l'honneur des autels, pour la gloire des Missions, de l'Eglise et de la France.

C'est dans la vaste salle de la « Loggia » transformée en temple au-dessus de la Basilique Vaticane qu'il a fallu, cette fois encore, comme on l'eût fait jadis dans les catacombes, accomplir la cérémonie *« à cause de la condition des temps »* d'après les termes mêmes du Bref de Béatification.

Mais si les splendeurs de la Basilique ont manqué à cette apothéose, la ferveur des assistants, de ces pèlerins ouvriers accourus pour honorer le héros chrétien issu de leurs rangs, comme aussi les Rites augustes de la liturgie et les souvenirs de l'apostolat et du martyre du Bienheureux, ont assuré à sa glorification l'éclat du triomphe réservé aux confesseurs de la Foi.

Ce triomphe était proclamé, dans la salle même de la Béatification, par les paroles de l'apôtre, reproduites en lettres d'or, le long de la frise, et célébrant la gloire de ceux que *« la grâce a rendus conformes à l'Image du Fils de Dieu »*.

Certes, toute cette vie de piété et de zèle, d'épreuves et de souffrances offre bien la reproduction admirable du prototype de toute sainteté ! Aussi, la croix lumineuse apparue dans les airs au lieu même du martyre est-elle reproduite sur l'une des bannières, dans la salle de la Béatification. L'autre étendard représente le miracle de la guérison et de la conversion du « Lettré Chinois » auquel le Bienheureux se montra, pour le récompenser ainsi du témoignage de compassion qu'il avait reçu sur la voie douloureuse.

Autour de ces tableaux resplendit derrière l'autel au fond de la « Loggia » l'image représentant le nouveau Bienheureux, dans la gloire céleste. Les feux d'un riche Luminaire étincellent au milieu des emblèmes du martyre, entrelacés de festons et de couronnes, le tout rehaussé par l'éclat des marbres et des dorures.

Nous sommes au Dimanche 11 Novembre. La cérémonie commence dans la chapelle Sixtine, où le T. S. Sacrement est exposé en forme solennelle. Les pèlerins saluent avec un religieux enthousiasme les Eminentissimes Cardinaux de la Sacrée Congrégation des Rites et avec eux les RR. Prélats officiers et consulteurs de la même congrégation ; à leurs côtés s'échelonnent N N. S S. les Evêques présents à Rome, les prélats auditeurs de Rote et les chanoines du chapitre de Saint-Pierre. C'est un spectacle imposant que célui de pareilles solennités.

Après l'adoration, le cortège précédé des huissiers du palais, portant la masse d'argent et d'un détachement de la garde suisse, pénètre en grande cérémonie dans la salle de la « Loggia » déjà envahie par les pèlerins français et les invités de cette fête religieuse.

Dans les tribunes réservées, on remarque en costume de gala le corps diplomatique avec le personnel de l'ambassade de France au premier rang ; puis vient l'ordre de Malte, le patriciat romain, les Supérieurs et Procureurs généraux des ordres religieux, les nombreuses députations des enfants de Saint Vincent de Paul. A leur tête se trouve le R. P. Fiat, Supérieur général des prêtres de la Mission, et la Révérende Mère générale des Filles de la Charité. Tous les regards se portent avec une pieuse curiosité vers la sœur Marie-Anne Perboyre, venue de Naples malgré son grand âge pour assister à la glorification de celui dont elle a le bonheur d'être la propre sœur par la naissance et par l'imitation des vertus et on envie le bonheur de Monsieur Jacques Perboyre, missionnaire lazariste de France, qui, par ses ardentes prières et ses larmes de joie, vient rendre hommage à son frère le nouveau Bienheureux.

Au milieu de cette pieuse assistance se détache la noble figure du Cardinal Langénieux, archevêque de Reims, président du pèlerinage ouvrier français ; près de Son Eminence, on distingue LL. Grandeurs Monseigneur Bonetti, archevêque titulaire de Palmyre, délégué apostolique à Constantinople, Monseigneur Gallo, Archevêque de Patras, et Monseigneur d'Agostino, évêque d'Ariano, tous deux membres de la Congrégation de la Mission, ainsi que N N. S S. Coeuret-Varin, Evêque d'Agen, Pagis, Evêque de Verdun, et Luçon, Evêque de Belley. Vient encore à une place de choix, une députation spéciale du diocèse de Cahors, patrie du martyr chinois.

Quand le cortège a pris rang des deux côtés de l'autel, au milieu d'un recueillement profondément religieux, le secrétaire de la S. Congrégation des Rites, Monseigneur Nussi, et avec lui le R. P. Valentini, de la Mission, postulateur de la cause, présentent à son Eminence le Cardinal Aloisi, préfet des Rites, le Bref original de la Béatification, et lui demandent l'autorisation de le promulguer. Un maître des cérémonies pontificales monte alors à l'ambon, d'où il donne lecture du Bref solennel rappelant les vertus et le martyre du Bienheureux Perboyre, ainsi que les Actes du procès canonique approuvés par le Souverain Pontife.

Ensuite, le prélat officiant, délégué à cet effet par le Chapitre de Saint-Pierre, Sa Grandeur Monseigneur Lenti, Vice-Gérant du Vicariat de Rome, patriarche de Constantinople et chanoine de la Basilique Vaticane, entonne le *Te Deum* dont les versets sont continués avec ardeur par les chantres de la chapelle Giulia et par toute l'assistance. En même temps les voiles qui recouvrent le tableau de l'apothéose du martyr et sa relique se sont abaissés ; et, au milieu de l'émotion générale, la foule agenouillée devant cette image bénie répète avec un élan de foi et d'allégresse la sublime invocation :

« Ora pro nobis, Beate Joannes Gabriel ! »
Bienheureux Jean-Gabriel, priez pour nous !

Monseigneur Lenti célèbre enfin (d'après le rite pontifical) la messe propre du Bienheureux avec les oraisons approuvées à cet effet par la Sacrée Congrégation des Rites.

Ce n'était là que le prélude de ces manifestations religieuses.

Vers les 3 heures de l'après-midi, Léon XIII descend de ses appartements privés. Précédée des prélats et officiers de la cour romaine, escortée des Eminentissimes Cardinaux et de NN. SS. les Evêques, Sa Sainteté s'avance dans toute la majesté de son incomparable dignité ! Arrivés devant la chapelle Sixtine les gardes nobles s'arrêtent, pour permettre de faire l'acte d'adoration prévu par le cérémonial ; puis le souverain pontife se rend processionnellement à la Loggia pour prier avec le concours de cette pieuse assistance, transportée de bonheur et d'une sainte allégresse. Oh ! quelle suave prière ! avec quelle confiance chacun implore la puissante intercession de ce favori du ciel pour le triomphe de l'Eglise, pour le salut de la France et la sanctification des âmes !

Les riches offrandes d'usage sont enfin le digne couronnement de ces honneurs rendus à l'illustre martyr, honneurs vraiment incomparables, car les plus éminents personnages de la hiérarchie catholique s'y sont associés pour vénérer, avec le Chef de l'Eglise, celui qui, au prix de son sang, a confessé la foi de Jésus-Christ.

CHAPITRE IV

SOLENNITÉS DE LA BÉATIFICATION

TRIDUUM A ROME, A PARIS, A MONTGESTY.

Quelques jours plus tard, l'affectueux dévouement des prêtres de la mission de *Montecitorio* pour le Bienheureux JEAN-GABRIEL avait tout disposé afin de donner à leur Triduum un éclat extrordinaire. Son Eminence le cardinal Vicaire avait eu la délicate attention de faire afficher dans Rome un *Invito Sacro* dans le but d'exciter la population romaine à célébrer pieusement les fêtes en l'honneur du bienheureux martyr et à profiter des précieuses *indulgences* concédées à cette occasion par le Souverain Pontife.

Voici la traduction de cette pièce importante qui témoigne hautement du dévouement et du zèle de Son Eminence le cardinal Parocchi.

« Lucide Marie Parrocchi, par la miséricorde de Dieu,
« évêque d'Albane, cardinal de la Ste Eglise romaine, vicaire
« général de sa Sainteté ; juge ordinaire de la curie romaine
« et son district :

« Si le martyre, qui est, romains, une marque caractéris-
« tique de la religion du Christ et une prérogative toute
« propre et incommunicable de l'Eglise catholique, a brillé
« surtout dans les trois premiers siècles du Christianisme,
« alors que le mot *chrétien* était synonyme de *martyr,* on doit
« dire qu'à toutes les époques il est venu orner l'Epouse du
« Nazaréen d'une nouvelle auréole.

« Ainsi, à la suite de la grande révolution, qui avait résumé
« en elle toutes les erreurs et tous les méfaits, quand il sem-
« blait un moment que la société chrétienne avait sombré et
« fait place à un nouveau paganisme pire que l'ancien, on a
« vu surgir de ses ruines encore fumantes toute une légion de
« héros, retrempés à la ferveur des premiers temps, « *fleurs*
« *des martyrs, sortes de rejetons nouveaux de l'Eglise bour-*
« *geonnant au milieu des glaces de la moderne infidélité, mûris*
« *pour le Christ par les dernières persécutions* ».

« Jean-Gabriel Perboyre, qui vient d'être élevé par Sa Sain-
« teté Léon XIII aux honneurs de l'autel, prémice des martyrs
« de la congrégation de St-Vincent de Paul, appartient à cette
« illustre cohorte de vaillants qui, après avoir quitté la France
« encore sous le coup de sa crise universelle, et franchissant
« les montagnes et l'océan, ont porté la lumière de l'Evangile
« aux nations assises dans les ténèbres et à l'ombre de la
« mort. Après une vie immaculée et toute apostolique, à un
« âge encore peu avancé, il consommait en *Chine,* le 11 sep-
« tembre 1840, un martyre glorieux à l'Eglise du Christ, riche
« semence de chrétiens pour l'immense famille chinoise et
« présage très heureux de salut pour la nation très chrétienne.

« Cette fête ne convient à aucun autre peuple mieux qu'au
« peuple romain, germe de martyrs, et nulle part elle ne trouve
« sa place mieux qu'à *Rome,* où l'on admire encore l'amphi-
« théâtre arrosé du sang de tant de victimes. De plus, elle
« démontre la vérité de cette foi, la sainte fécondité de cette
« Église, qui doit encore une fois sauver la société du scepti-
« cisme qui la domine et la préserver des périls imminents
« auxquels l'entraîne rapidement cette recrudescence du pa-
« ganisme ».

« De notre résidence, ce jour 12 novembre 1889 »

« L. M. card. vicaire »

Inutile d'ajouter avec quel empressement le clergé et les fidèles de la Ville éternelle ont répondu à cette touchante invitation. Chaque jour, l'office pontifical a été célébré avec une pompe incomparable dans cette pieuse chapelle des prêtres de la Mission ; le Cardinal Vicaire a daigné officier lui-même le troisième jour. Nous regrettons de ne pouvoir offrir à la piété du lecteur la remarquable homélie que Son Eminence a prononcée après le chant du Saint Evangile.

TRIDUUM SOLENNEL

Les 3, 4, 5 Décembre 1889 marqueront dans l'histoire de la famille de Saint Vincent une date à jamais mémorable : en ces jours de pieuse allégresse, la Maison Mère des Lazaristes célébrait la Béatification de Jean-Gabriel Perboyre.

Impossible de donner ici le récit détaillé des touchantes solennités qui se sont succédé dans la pieuse chapelle de la rue de Sèvres pour honorer la mémoire et les vertus héroïques de ce glorieux martyr.

La joie était dans tous les cœurs ; elle rayonnait sur tous les fronts ; elle s'étalait sur tous les murs sous les formes les plus variées et les plus enthousiastes : ou eût dit tout un peuple s'apprêtant à célébrer, par des arcs de triomphe, le retour d'un vainqueur qui s'est couvert de gloire sur vingt champs de bataille.

Une splendide décoration qui s'apercevait de la rue, et attirait tous les regards, ornait le frontispice de la maison au-dessus de l'escalier d'honneur ; de riches tentures en velours pourpre, chargées de broderies et élégamment drapées, donnaient à cette façade un aspect grandiose. Au fronton apparaissaient les armes de N. S. Père le Pape Léon XIII ; à droite, celles de Son

Éminence le Cardinal Archevêque de Paris ; à gauche, celles de Son Excellence le Nonce Apostolique. L'image du Bienheureux domine tout le tableau ; elle se dresse entre deux palmes gigantesques, au pied de la statue de Saint VINCENT qui ouvre ses bras à ce fils bien-aimé, comme pour le presser sur son cœur.

En pénétrant dans la chapelle, on est aussitôt saisi par la splendeur de cette pompe religieuse. Suffisamment orné déjà par les peintures murales qui en font un des beaux sanctuaires de Paris, le pieux édifice comporte peu d'ornementation, les décorations sont d'un goût sobre et s'harmonisent bien avec les formes architecturales de l'église.

Une guirlande de fleurs rouges et or court en gracieux feston tout le long de l'entablement et enlace en passant les chapiteaux des colonnes. Chaque colonne est ornée d'un superbe écusson encadré dans deux palmes vertes, dont les deux extrémités supérieures viennent se joindre au pied d'une croix nimbée qui porte entrelacées les initiales du Bienheureux. Chaque écusson porte une date ou une inscription se rapportant à la vie du martyr.

C'est au milieu de ce décor ravissant que tous les offices sont célébrés avec la pompe que comportait cette fête si bien faite pour exciter le sentiment religieux et au milieu d'un concours de fidèles toujours croissant.

Ces solennités sont rehaussées par la présence de Son Éminence le Cardinal Archevêque de Paris, et de nombreux prélats présents aux fauteuils d'honneur. Signalons Monseigneur THOMAS, Archevêque d'Andrinople ; Monseigneur GRIMARDIAS, Évêque de Cahors, diocèse d'origine du martyr ; Monseigneur JACQUENET, évêque d'Amiens, et Monseigneur de BRIEY, évêque de Meaux.

Près des prélats ont pris place MM. les Vicaires généraux de Paris, de Cahors et les membres du vénérable Chapitre de la Métropole.

Et dans ce jour d'impérissable mémoire, l'honneur de célébrer le martyr est dévolu à Monsieur l'abbé Demimuid, qui s'est acquitté de sa tâche avec une éloquence vraiment communicative.

Oh ! comme l'assemblée chanta de plein cœur le cantique d'actions de grâces ! et comme du haut du ciel le Bienheureux devait sourire à ses enfants !

LE TRIDUUM

En Chine, l'Enfant devenu illustre, à l'inverse de l'usage européen, ennoblit ses ascendants.

Montgesty, grâce à son héroïque Bienheureux, est à jamais célèbre.

Ce petit village de cinq à six cents âmes est situé au sommet d'une des nombreuses collines, dont les chaînes aux capricieuses ondulations sillonnent le Quercy.

En se rendant à quelques mètres du bourg, à un endroit poétiquement appelé le Paradis, on aperçoit autour de soi un horizon profond, à plusieurs endroits, de plus de vingt lieues.

Le Paradis se trouve entre le Puech et l'Eglise de Montgesty, gracieuse coïncidence. En allant de la maison paternelle au catéchisme, en ce lieu au nom significatif, en présence du ciel sans limite, le Bienheureux devait sûrement, plus que partout ailleurs, se livrer à ces méditations qui enlèvent l'âme et de l'étendue limitée de la matière la transportent vers l'immensité de l'infini.

Bien que placé, lui aussi, sur une colline, le Puech a cependant un horizon moins étendu.

MAISON PATERNELLE. — ÉTAT ACTUEL.

La maison paternelle de Jean-Gabriel se compose d'abord d'une grande cuisine, une de ces pièces vastes d'autrefois, bien aérée, avec une immense cheminée, qui rappelle toujours avec une saveur particulière, le souvenir des ancêtres.

Au milieu, on voit la table de noyer, toujours la même, avec ses deux bancs de bois. A côté, se dresse l'antique pendule à caisse, ornement indispensable dans les fermes de nos campagnes.

Que d'heureuses et édifiantes veillées d'hiver ont dû se passer autour de cet âtre béni, qui est là, à droite, avec ses deux grands chambranles enfumés ! A droite en entrant, on montre le lit où est né le Bienheureux.

Les rideaux, aux petits carreaux bleus et blancs, ont été religieusement conservés.

A la suite de la cuisine, vient une autre pièce, la grande chambre de réception, si l'on peut employer cette expression. Elle communique, à droite, avec la petite chambre qui était réservée à Jean-Gabriel.

De la croisée, il pouvait apercevoir le clocher de son église ; c'est de là, sans doute, que devaient s'échapper vers le Dieu-Eucharistie, vers le Jésus qu'il aimait, les ferventes aspirations de son cœur.

Sur un bureau se voit une grammaire française de Lhomond, qui a été à son usage. Elle contient encore une ancienne gravure, qu'il y a placée, représentant Notre-Seigneur au jardin des Oliviers.

Dans cette chambre, sous les mêmes couvertures précieusement conservées, a couché, à l'occasion des fêtes de la Béatification, le frère de Jean-Gabriel, Monsieur Jacques Perboyre, prêtre de la Mission. Oh ! comme il était fier ce vieillard souriant, agréable, assez petit, mais encore parfaitement alerte. Sa physionomie respirait une admirable modestie.

C'est le cachet de la famille.

Que de douces allégresses dut éprouver son cœur à la vue de ces fêtes glorieuses, en comparant ce qu'il y avait de simple au foyer avec ce qu'ont eu de grand les basiliques qui se sont disputé l'honneur de célébrer l'humble enfant de Montgesty !

FÊTES DE LA BÉATIFICATION

Les nombreux visiteurs sont toujours aimablement accueillis au Puech. Il y avait, lors des fêtes de la Béatification, à la porte pour les recevoir, une gracieuse enfant de treize ans, dont la ressemblance avec le martyr était frappante.

La longue avenue bordée de chênes et de bois, qui, du Puech, conduit à la maison, était garnie de guirlandes et de mousses desquelles émergeaient des lanternes vénitiennes.

Pouvait-on rester en retard dans la famille et surtout ne pas imiter le village pavoisé avec un goût exquis ? C'était simple, riant, mais fait de bon cœur.

L'église était ornée avec une grâce charmante. Restaurée à neuf, elle est munie de deux bas-côtés.

A droite, se trouve l'autel du Bienheureux ; à gauche, celui de Notre-Dame du Saint-Rosaire.

Dans les jolis vitraux, on remarque le Bienheureux en jeune lévite ; à ses côtés Sainte Agnès, Sainte Rose, en face les fonts baptismaux, Saint Vincent etc.

A côté du portail, à gauche en entrant, est placée la plaque de marbre qui indique le lieu où, le 7 janvier 1802, l'eau sainte coula sur le front de JEAN-GABRIEL.

Au-dessus se dresse le clocher. Elles sonnaient

joyeusement tous ces jours-ci, ces cloches qui avaient annoncé jadis que l'église possédait un chrétien de plus, un chrétien qui serait un athlète. Cette église reçut les honneurs de la consécration la veille des fêtes ; Monseigneur Fiard, Évêque de Montauban, fut le prélat consécrateur et eut également le bonheur d'administrer le sacrement de confirmation à de nombreux enfants de la localité et en particulier à la petite-nièce du Bienheureux.

Sa Grandeur Monseigneur Grimardias, évêque de Cahors, présidait à ces touchantes cérémonies, mais ne put, à cause de son grand âge, y prendre toute la part que son cœur eût désiré !

Dès l'aurore, les messes se sont succédé ; peu à peu arrivent en procession les paroisses voisines. Ensuite c'est le tour des innombrables pèlerins venus de tous les points du diocèse et même des diocèses voisins.

C'était une vraie fête triomphale. Les figures de ces braves habitants du Quercy, bronzées par le brûlant soleil de notre Midi et les rudes travaux des champs, étaient toutes rayonnantes de joie.

Au nombre de plus de huit mille, les pèlerins ont à peine pu traverser l'église, mais ils se dédommagent à la procession du soir, où ils sont les témoins d'un spectacle émouvant.

Lorsque les jeunes gens de la paroisse ont porté sur leurs robustes épaules, dans les rues de Montgesty, la statue du Martyr en croix, une vive émotion gagne toutes les âmes à la vue de ces traits si douloureusement contractés par des souffrances atroces.

Une chaire était dressée sur la place publique.

Monsieur l'abbé Delfour, curé de Cazals, y monte alors et fait le panégyrique du saint ; de son organe puissant il domine bientôt la foule.

« Je t'illustrerai, toi et ta race ». Raconter la vie du

Bienheureux à quelques pas du toit qui l'a vu naître, à l'ombre de l'église où il a été baptisé, en présence de ces vieillards qui l'ont connu et de nombreuses personnes qui ont assisté au deuil de sa mère, est une tâche difficile assurément.

L'orateur décrit avec feu les gloires dont Dieu a comblé le martyr dans le Ciel, et celles qu'à son tour il répand sur la patrie.

Dans un langage animé, intéressant, Monsieur l'abbé Delfour fait ressortir les étapes de cette vie étonnante, les grâces de choix que Dieu prodigue à cette âme d'élite.

Jésus-Christ a mis trois ans à préparer ses douze apôtres, et il ajouta à ce travail le miracle de la Pentecôte. Jean-Gabriel a été formé petit à petit, de longue main.

Nous suivons cette gradation pas à pas, depuis le moment où, commençant à suivre le catéchisme de la paroisse, il est chargé de catéchiser ses propres camarades, jusqu'au moment où il devient directeur du noviciat de Saint-Lazare. Dieu a voulu ainsi façonner son disciple à l'apostolat difficile des habitants du Céleste Empire.

Mais à peine arrivé sur le lieu de ses travaux, Dieu l'enlève subitement. Pourquoi ? se demandait naguère un orateur. Dieu est impatient de récompenser son serviteur, Jean-Gabriel est impatient de se réunir à son créateur, à son Maître bien-aimé. Les âmes se rachètent au prix du sang. Cette rançon, Jean-Gabriel doit la fournir au plus tôt. Le démon, lui aussi, avait son impatience ; celle de se délivrer d'un apôtre si zélé et si ardent.

Il survient donc ce martyre, suscité par ces *trois impatiences*.

Mais pourquoi, se demande encore le brillant orateur, pourquoi Dieu a-t-il accordé à Perboyre ce qu'il a refusé aux plus vaillants défenseurs de la foi? Pourquoi Dieu a-t-il voulu reproduire dans ce jeune martyr tous les détails de sa passion douloureuse ?

Dieu a ses desseins et seul il les connaît.

Le martyre poignant de cet enfant de France ne serait-il pas appelé à émouvoir le cœur navré de cette patrie qu'on cherche à dévoyer. La croix lumineuse apparue à la mort de Jean-Gabriel ne serait-elle pas destinée à être pour la Chine un nouveau labarum entre les mains d'un nouveau Constantin ? « Prenez donc, dit alors l'orateur à son auditoire, prenez l'Evangile pendant que je vais, de mon côté, parcourir les détails de ce martyre inouï ».

Les comparaisons deviennent frappantes ; le récit, animé ; les descriptions, navrantes. La foule est silencieuse ; vivement impressionnée, elle soupire, elle gémit, elle applaudit, elle pleure, livrée qu'elle est aux alternatives d'une narration passionnante.

Survient alors un éloquent appel adressé au frère de la victime, à ce témoin vivant qui est là devant tous, aux nombreux parents et alliés, aux sœurs de Saint Vincent de Paul, aux habitants de Montgesty, aux nombreux pèlerins accourus de toutes parts.

L'orateur adresse de chaleureux remercîments aux deux prélats qui ont bien voulu présider ces belles fêtes. Se faisant auprès du martyr l'interprète de leurs peuples, il prie pour notre pasteur et pour l'évêque de Montauban, le gardien de la maison où s'est formé Jean-Gabriel. Puis les deux prélats bénissent avec effusion cette foule agenouillée devant les reliques du martyr, et on se rend à l'église au chant du *Te Deum* : Monseigneur de Montauban donne la bénédiction du Très Saint-Sacrement, suivie aussitôt de l'hymne triomphal.

Enfin, à la tombée de la nuit, les maisons de cette aimable localité s'illuminent une à une ; aux guirlandes de buis qui sillonnent de tous côtés la route assez longue qui traverse le bourg, se balancent les lanternes vénitiennes aux vives couleurs.

Tout à coup les maisons tremblent, les vitres frissonnent sous le coup de salves d'artillerie qui annoncent le feu de joie.

Aussitôt les prélats apparaissent pour se mêler à l'enthousiasme général ; Sa Grandeur Monseigneur de Cahors met la première étincelle au colossal feu de joie qu'on a disposé en face du Puech. Du Puech, lui aussi coquettement illuminé, on répond par un autre feu de joie. Rien ne devait manquer à cette fête. Tout à coup, les mains jointes, les yeux modestement baissés, encadré dans un cercle éblouissant, entouré de rayons ardents, apparaît le Bienheureux aux regards stupéfaits de cette foule en délire.

Les feux de bengale complètent ce feu d'artifice et empourprent le paysage.

C'est l'heure de la séparation.

Mais un cœur heureux à coup sûr, après celui de l'évêque de Cahors, fut celui de M. l'abbé Raynal, curé de Montgesty.

Il a sûrement reçu du martyr la récompense due à son zèle infatigable.

En se retirant, les pèlerins de dire : « On se serait cru au paradis ! »

TROISIÈME PARTIE

GLORIFIÉ PAR SES DISCIPLES ET SES IMITATEURS

CHAPITRE PREMIER

EXTENSION DU CULTE RENDU AU BIENHEUREUX

« J'avais depuis bien des années le désir de ren-
« contrer un saint avant de mourir. Je fis la connais-
« sance de Monsieur PERBOYRE en 1834. — Tout en
« lui me frappa dès le commencement. Je l'étudiai et
« bientôt je rendis grâces à Dieu de ce que j'avais
« été assez heureux de voir un saint avant de mourir.
« Je le disais même à mes amis qui cependant ne le
« connaissaient pas : maintenant je connais un saint et
« je sais ce que c'est qu'un saint vivant ».

N'est-ce point, pieux lecteur, que vous ratifiez ce
jugement porté par un des siens et cette narration si
édifiante ne vous arrache-t-elle pas ce cri : « C'est la
vie d'un vrai saint que je viens de lire, mon âme chrétienne restera longtemps embaumée du parfum de
ces aimables vertus portées jusqu'à l'héroïsme ». A
vous aussi de le dire à votre entourage, de propager
ce livre édifiant et de devenir de puissants auxiliaires
dans l'œuvre de la sanctification des âmes par l'imitation de si beaux exemples.

Au lendemain des fêtes de la Béatification, on
écrivait déjà de Chine en 1891 :

« Au milieu des désordres qui agitent le Céleste Empire, par une protection spéciale et toute merveilleuse, le Kiang-si méridional, si éprouvé ces dernières années, jouit d'une tranquillité parfaite. C'est au point qu'avec l'approbation des mandarins, on peut bâtir des églises, de modestes presbytères, alors que tout autour de nous, on n'entend parler que de désastres et d'incendies. Ne faut-il pas attribuer cette paix au Bienheureux Jean-Gabriel Perboyre, dont, l'année dernière, sur tous les points de ce vicariat prospère, les chrétiens ont célébré avec le plus de solennité possible, les fêtes de la Béatification ?

Avant-hier un fait éclatant nous a confirmés dans cette pensée. Depuis dix-huit mois, deux chrétiens pères de famille gémissaient dans les prisons de Kan-Tchéou. Aucune démarche n'avait été épargnée pour les rendre à l'affection des leurs ; mais rien n'avait pu fléchir les autorités chinoises. Or, dès les premières vêpres de la fête du Martyr, on relâche inopinément les prisonniers, sans qu'il y ait eu de notre part la moindre tentative pour obtenir ce résultat inespéré : C'est le cas de dire un généreux merci au Bienheureux Jean-Gabriel ».

Et de toutes les contrées du monde, arrivent nombreux des témoignages non équivoques de la protection accordée par le nouveau Bienheureux à ceux qui recourent à sa bienveillante intercession.

C'est de l'Italie méridionale, de Somma Vesuviana, que parvient un précieux certificat relatant la guérison du comte Fauste Caracciolo. Cette grâce était principalement sollicitée par la princesse, sa mère, femme pleine de foi, qui a accompagné elle-même son fils dans une chapelle où l'on vénérait les reliques du Bienheureux Perboyre. Cette guérison paraît très remarquable, les médecins ayant déclaré la maladie incurable. Plusieurs personnes ont été les témoins des accès de vertige qui mettaient le malade à deux pas de la mort. Monsieur le comte Carracciolo a repris son teint naturel et sa gaieté, ainsi que le libre usage de toutes ses facultés. Aussi un des médecins n'a-t-il pas hésité à déclarer que c'était à une cause surnaturelle qu'il fallait attribuer cette guérison ».

Gloire donc au Bienheureux JEAN-GABRIEL PERBOYRE !

Et depuis, que de faveurs ! que de bénédictions dues à la miraculeuse intervention de ce jeune favori du ciel ! Lisez donc et faites lire cette vie pour mériter à votre tour d'être inscrit au nombre de ses protégés.

CHAPITRE II

MONUMENT ÉLEVÉ A LA GLOIRE

DU BIENHEUREUX JEAN-GABRIEL PERBOYRE

SUR LA PLACE PUBLIQUE DE MONTGESTY

Après Roc-Amadour, Montgesty, patrie du Bienheureux JEAN-GABRIÈL, est arrivé à prendre rapidement la première place dans le cœur de la chrétienne population du Quercy.

Aussi le 24 Juin de l'année 1897, de tous les points de l'horizon une foule nombreuse de pèlerins était-elle accourue, pour assister à la bénédiction solennelle d'une superbe statue en bronze du Bienheureux PERBOYRE, élevée sur la place de l'Eglise.

Tout le grand séminaire de Cahors était présent à cette fête, préparée par le zèle de Monsieur le curé de Montgesty. La journée fut splendide.

Vers huit heures arrive Monseigneur Enard, évêque de Cahors, et Monsieur le Maire se fait un pieux devoir de le complimenter en termes fort délicats pour l'honneur insigne qu'il accorde à ses administrés de Montgesty.

Monseigneur remercie ce magistrat, avec sa bonne

grâce habituelle, et parlant aussitôt du Bienheureux dont chacun dans la contrée « doit vouloir être un peu cousin », il félicite les habitants d'avoir au Ciel un si puissant protecteur, et engage tous les pèlerins accourus à le prendre pour modèle.

La procession rentre ensuite à l'église où la Sainte Messe est célébrée avec une pompe religieuse. Le soir, un chœur de séminaristes exécute magistralement, sous la direction du Maître Vigouroux, la belle et incomparable cantate de Massenet sur la mort du Bienheureux.

Vient ensuite le chant des Vêpres, et Monsieur le curé de Cazals, dont on connaît le talent oratoire, paraît en chaire pour prononcer le panégyrique. Il chante avec magnificence la gloire du martyr, et parle avec une émotion vraiment communicative de la protection qu'il nous doit et qu'il nous accorde volontiers.

Après ce beau discours la foule, qui remplit l'église, s'écoule lentement au chant de pieux cantiques, et va grossir le nombre des moins privilégiés.

Une véritable mer humaine couvre bientôt la place où s'élève la statue du martyr, don de généreux bienfaiteurs qui ont voulu rester anonymes, mais que chacun salue dans l'ombre discrète où ils ont voulu se tenir cachés.

Bientôt le voile tombe et la statue du missionnaire chinois apparaît radieuse aux applaudissements d'un peuple profondément ému. Alors Monseigneur, monté sur le premier degré du piédestal, fait entendre sa voix puissante ; et au milieu d'un silence religieux adresse à cette foule enthousiaste une de ces allocutions vibrantes où il sait faire passer toute son âme.

L'enfant de Montgesty, l'enfant de la France, l'enfant de l'Eglise, voilà le thème qu'il développe avec une puissance oratoire dont tout le monde fut saisi.

Enfin, pour clôturer cette touchante cérémonie, le chœur des séminaristes exécute l'hymne au Bienheureux Perboyre, cette œuvre magistrale de Vigouroux, qu'aucune autre, excepté celle de Massenet, ne saurait faire oublier, et sans laquelle il manquerait quelque chose d'essentiel aux fêtes de Montgesty.

Notre tâche est remplie.

En entreprenant d'écrire cette histoire, nous nous sommes proposé uniquement de montrer combien le Bienheureux Perboyre a été un instrument docile dans la main de Dieu, avec quelle fidélité persévérante il s'est appliqué à imiter Jésus-Christ, et à quel éminent degré de vertu il s'est élevé par la générosité à correspondre aux grâces du ciel.

Daigne le Seigneur accorder à ceux qui liront ces pages d'être animés d'une généreuse émulation, de s'encourager par les exemples de l'héroïque confesseur de la foi, et de n'avoir désormais d'autre désir que de connaître et d'imiter Jésus-Christ !

Un illustre évêque de nos jours a dit : « Quand « Dieu écrit avec du sang, c'est pour que nous soyons « attentifs ».

Le monde ne pense pas ainsi. Sa préoccupation est de se dérober aux enseignements et à l'influence de Dieu.

Vous racontez devant lui la vie héroïque des saints et la mort des martyrs. Il a des réponses toutes prêtes. « A quoi servent, dit-il, ces vertus obscures et ces beaux trépas, puisque ces hommes n'ont rien fabriqué, rien inventé, rien expliqué ? Nous comprenons la mort du soldat et de l'explorateur ; mais celle du martyr est une perte sans profit ».

Et moi je vais vous dire à quoi servent et cette vie et cette mort.

Elles servent à vous montrer ce que vaut la vérité, ce que valent Jésus-Christ et le Ciel, ces choses éternelles dont on ne sait plus le prix et que l'on vend pour rien sur le marché des consciences. Elles servent à éclairer des nations lointaines qui n'usent de leur liberté que pour s'égarer. Elles rendent un peu l'idéal à nos générations matérialisées. Elles exaltent une grandeur méconnue, la grandeur des caractères et l'opposent fièrement à ces vanités dont tout l'éclat sombrera dans un cercueil. Cette mort des martyrs, elle promène un souffle de vie dans des âmes moribondes, elle prend des rayons d'aurore dans les ténèbres de la tombe et montre le chemin du ciel.

Aussi honneur et gloire au martyr JEAN-GABRIEL !

Honneur et gloire à l'œuvre de la Propagation de la foi qui voit ainsi monter sur les autels avec le bienheureux MARIE CHANEL deux de ses premiers missionnaires et reçoit, toute jeune encore dans l'Eglise, l'honneur tant et si légitimement envié des œuvres et des congrégations naissantes.

Le baptême du sang qui a ouvert à ses fils la cité divine, rejaillit sur elle comme sur une mère, l'empourprant de sa gloire immortelle et lui assurant dans le ciel, à titre authentique, deux protecteurs dont le dévouement filial égalera la puissance.

Et maintenant de nos lèvres chrétiennes s'échappe avec amour cette ravissante prière enrichie par Sa Sainteté Léon XIII de précieuses indulgences :

Angélique martyr de la Chine, Bienheureux Jean-Gabriel, du sein de la gloire qui vous environne, daignez abaisser sur la terre un regard compatissant et le diriger ensuite avec supplication vers le Roi des martyrs, dont vous avez si bien retracé la vie, la passion et la mort.

Priez-le de glorifier son Vicaire, de pacifier son Église, de rendre prospère votre Congrégation ; priez-le de donner à vos chers Chinois, aux infidèles et aux hérétiques, la vraie religion ; aux pécheurs, la conversion ; aux justes, la persévérance.

Venez, oh ! venez à notre secours et protégez-nous. Au milieu d'un monde corrompu, persécuteur et apostat, aidez-nous à vivre purs, patients et toujours fermes dans la foi de l'Église romaine, afin que nous puissions, à votre exemple, être conformes à Jésus-Christ crucifié et concevoir l'heureuse espérance d'arriver avec vous à l'aimer et à être réunis à Lui dans le ciel. Ainsi soit-il.

S. S. Léon XIII, par un rescrit du 31 octobre 1889, a accordé à cette prière une indulgence de deux cents jours, à gagner une fois par jour.

APPENDICE

APPENDICE

FAMILLE DU BIENHEUREUX JEAN-GABRIEL PERBOYRE

Hameau du Puech, (commune et paroisse de Montgesty)
au diocèse de Cahors (Lot).

Malgré de minutieuses recherches, il est bien difficile de
fournir des renseignements complets sur la famille PERBOYRE-
RIGAL.

La destruction des archives pendant la période révolution-
naire et des lacunes regrettables dans le registre paroissial
de *Montgesty* imposent des sacrifices à notre curiosité. Grâce
cependant aux documents découverts, on peut établir avec
précision la généalogie de la famille du Bienheureux, qui fit
souche au *Hameau du Puech*.

Un fait indiscutable toutefois, c'est que le père de JEAN-GA-
BRIEL avait un frère, dont l'influence fut si prépondérante sur
la vie du Martyr, qu'une mention doit lui être assignée dans
cet ouvrage.

Jacques PERBOYRE, devenu prêtre dans le siècle précédent
et membre de la Congrégation de la Mission, était né le 10
avril 1763. On le trouve au Puech lors de la naissance de son
premier neveu, qu'il reçoit plus tard au Séminaire de *Montauban* dont il devient le Supérieur. Son acte de décès porte la
date du huit mars 1848. Il s'éteignit au milieu de ses enfants,
à l'âge de 85 ans, après avoir confessé la foi pendant les jours
néfastes qui attristèrent la fin du xviiie siècle.

De son côté, Marie RIGAL, mère du Bienheureux, avait une
sœur nommée ANTOINETTE, qui fut sans nul doute l'objet
d'une affection particulière de la part des huit enfants qui na-
quirent de l'union de

Pierre PERBOYRE et de Marie RIGAL.

Dans sa correspondance, Jean-Gabriel parle souvent avec
bonheur de sa bonne « *Tante Rigal* » qu'il n'oublie ni dans
son souvenir, ni dans ses prières.

Voici le tableau de cette *Famille privilégiée.*

DE L'UNION

de   et   de

Pierre PERBOYRE   **Marie RIGAL**
(propriétaire au Puech)   (sœur d'Antoinette Rigal)
Originaire de Catus   Originaire du Puech,
(Vilaris).   Berceau de la famille Rigal.
Né en 1771.   Née en 1778.
Décédé le 24 mai 1859   Décédée le 2 avril 1862,
âgé de 88 ans.   âgée de 84 ans.

HUIT ENFANTS :

1. — **Jean-Gabriel** (C. M.), né 6 Janvier 1802,
     Martyrisé en Chine (11 septembre 1840).
     A Ou-Tchang-Fou (province du Houpé).

2. — **Jeanne**, née en 1805, morte en 1854.
     (Mariée à un nommé Lavernhe de Pontcirq).

3. — **Louis-Pierre** (C. M.), né 3 Novembre 1807,
     Prêtre de la Mission, mort en mer (2 Mai 1831),
     avant d'arriver en Chine.

4. — **Mariette**, née en 1809, morte au Carmel.
     (On n'a sur elle que des données très incomplètes).

5. — **Jacques** (C. M.), né le 21 Mai 1810,
     mort à Paris (10 Août 1896).
     (Prêtre de la Congrégation de la Mission),
     (Rue de Sèvres, 95).

6. — **Antoine**, né en 1813, mort au Puech, 1860.
     (Cet enfant devient l'aîné de la Maison paternelle).
     Trois filles naissent de son mariage
     avec Franç. Pontié, de Lherm, canton de Catus.

7. — **Antoinette**, née le 3 Mars 1815,
     morte en Chine (2 Octobre 1898).
     Fille de la Charité (Sœur Gabrielle),
     Hôpital de Shang-Haï.

8. — **Marie-Anne**, née le 22 avril 1817,
     morte à Naples (24 Février 1896)
     Fille de la Charité (Sœur Gabrielle).
     Maison centrale.

Grâce à de bienveillantes communications transmises par plusieurs membres autorisés du Clergé de Cahors, nous sommes heureux de consigner ici les renseignements suivants sur cette famille patriarcale au sein de laquelle vécut le jeune *saint du Quercy*.

Les Rigal sont au *Puech* à la maison du Bienheureux depuis au moins le XVIe siècle ; et on peut avancer : depuis la guerre de Cent ans, sans aucune improbabilité. Peut-être même serait-il facile de remonter plus haut. Le nom de « Rigal » est en effet un de ceux qui se trouvaient dans ces parages avant cette période historique, comme en fait foi la savante *Revue Religieuse* du diocèse de *Cahors* dans son n° de novembre 1904.

Actuellement (mai 1905), le *Puech* est habité par le petit neveu (par alliance) du Martyr, marié à une petite nièce, Marie Perboyre, défunte depuis plusieurs années. Il porte le nom de Lacombe (Baptiste) ; sa fille Antoinette s'est mariée au Puech avec un nommé Vayrières (Laurent), en attendant que son fils Louis s'y établisse lui-même.

Pontcircq est une paroisse, située à une heure de *Montgesty* et limitrophe du *Puech* ; par sa position géographique, le hameau du *Puech* est situé entre *St-Médard*, *Pontcircq*, *Montgesty* et *Catus*. C'est dans cette paroisse de *Pontcircq*, (au château de La Bastidette-Haute), que se sont établis tout d'abord une sœur et une nièce du Martyr.

A titre documentaire, mentionnons encore comme parent du Bienheureux :

M. Perboyre (Gabriel), prêtre de la Mission, né à Catus (Lot), le 25 janvier 1808 ; décédé à Montolieu (Aude) en 1880. Ancien assistant de la Maison-Mère de la Congrégation, fondée à Paris par S. Vincent de Paul (St-Lazare).

Auteur de savants mémoires, auquel rend un hommage très mérité M. Maynard, dans la préface de sa remarquable Histoire de *S. Vincent de Paul.*

Monsieur Perboyre, Général de Division en retraite, ancien commandant de l'Ecole de Fontainebleau, un des officiers supérieurs les plus brillants de l'armée.

Et pour sanctionner ces documents, voici la page *d'histoire locale due aux recherches* d'un infatigable archiviste ; elle satisfait largement notre curiosité sur les ancêtres du Bienheureux Perboyre à Catus.

ANCÊTRES DU BIENHEUREUX PERBOYRE A CATUS

Tout ce qui touche les saints intéresse les fidèles. A ce titre, nous donnons ici une liste assez longue des ancêtres du Bienheureux Perboyre à Catus.

Il faut savoir que les Perboyre ne sont pas originaires de Montgesty, mais de Catus, ou plutôt de Luzech. Le père du Bienheureux n'était établi au Puech que depuis peu de jours quand naquit J.-Gabriel. Il était né au château de Vilaris à Catus où siégeait et où reste encore la branche principale des Perboyre. Ceux-ci du reste étaient venus de Luzech à Catus, au commencement du xviiie siècle, et c'est Luzech qui paraît avoir été le berceau primitif de tous les Perboyre.

Il y aurait beaucoup à dire sur les Perboyre de Luzech au xviie et au xviiie siècle. Ils étaient là fort nombreux et très importants, possédant de nombreux fiefs dans les paroisses de Luzech, Camy, St-Vincent, Albas, etc. et occupant les charges honorables d'avocat, de juge, de curé, de chanoine, de conseiller du roi, mais il faudrait pour parfaire cette petite étude opérer quelques recherches encore à Luzech même ; nous nous contentons aujourd'hui de donner la série des ancêtres du Bienheureux qui habitèrent Catus et Vilaris depuis la fin du xve siècle.

Plus d'un sera étonné de voir figurer dans cette suite d'aïeux des noms de l'ancienne noblesse. N'est-il pas bien curieux que le petit berger et le fils du paysan du Puech descende en droite ligne des seigneurs de Pontcirq, de Vilaris, de Laroque-Montamel, de Gigouzac et même des hauts et puissants barons de Luzech ? Le fait n'en est pas moins certain, comme on le verra. Sans doute la notoriété toute rétrospective qui en peut revenir au Bienheureux est une chose bien inutile et bien vaine ; il n'a pas besoin d'un berceau plus glorieux. Aucun éclat terrestre, aucune illustre naissance ne saurait rien ajouter à la splendeur de sa gloire très pure, il est vrai ; mais le fait valait pour-

tant d'être noté, sinon pour lui, du moins pour ces nobles
familles qui comptent le Bienheureux pour leur enfant.
N'est-il pas écrit que les enfants sont quelquefois la
gloire de leur père ? La gloire du Martyr rejaillit certainement sur ces lointains ancêtres. Leurs descendants,
s'il en reste, seront flattés d'apprendre que Jean-Gabriel
Perboyre était aussi de leur maison. C'est la raison principale pour laquelle nous avons dressé cette généalogie.

A. Le premier ancêtre connu du Bienheureux à Catus est,
de 1480 à 1520, Me *Pierre* [1] *de Vilaris*, notaire à Catus. Il
avait épousé noble *Antoinette de Molières* de *La Bastidette*.
Leurs enfants furent :

1° Noble Henri de Vilaris qui suit ;

2° Me Pierre de Vilaris ;

3° Noble et Me Jean de Vilaris prieur de *Caussac* et recteur
de *Moussac* ;

4° Me Guillaume de Vilaris, prêtre et prébendier au monastère St-Jean de Catus ;

5° Demoiselle *Sicarde* de Vilaris qui épousa en 1532 son
cousin maternel Me A. Cortes de Lavercantière.

B. Noble *Henri de Vilaris* épousa avant 1546 noble Jeanne
de *Lustrac*. Il est toujours qualifié de noble. Il possédait le
château noble de *Graudène* [2] (aujourd'hui de Vilaris) et le
moulin dit de Vilaris. Il vivait encore en 1577. Son fils fut :

C. Noble Jean de Vilaris mentionné en 1577 et qualifié de
sieur de La Bastidette. Il avait épousé sans doute à Pontcirq
l'héritière de la Branche aînée des de *Molières*, laquelle lui
apporta la Bastidette haute. Leur fils fut :

D. Noble François de Vilaris, qualifié, en 1596, en 1603 et
en 1604, du sieur de Vilaris et de la Bastidette. Celui-ci n'eut
que des filles. Voici celles que nous connaissons :

1° Demoiselle Isabeau de Vilaris qui suit ;

2° Demoiselle Jane de Vilaris qui épousa avant 1603 Me Jean
d'Albarel, lieutenant au sénéchal de Gourdon. Ils eurent la
Bastidette ;

---

1. Me Pierre de Vilaris avait un frère, messire Hugon de V., recteur d'Uzech, puis de St-Vincent-rive-d'Olt (1518).

2. Paroisse de Catus.

3º Demoiselle *Comtesse* de Vilaris, femme de noble David de *Bages*, sieur de *La Banquelie*, habitant le repaire de la Fresquette, paroisse de St-Médard ; elle était en vie en 1647.

4º Demoiselle Jane de Vilaris, qui épousa, en 1610, noble Pierre de *Lolm*, sieur du *Lard* [1] et de *Fonrouge* [2]. Ils s'établirent à *Graudèné* et à *La Berrie* [3] ;

5º Demoiselle Marguerite de Vilaris, femme du sieur de Geniès d'Espère, et remariée à M. de *Cajarc* de Gourdon.

6º Demoiselle Charlotte de Vilaris, femme en 1630 de noble J.-Jacques de Lestang, de Pontcirq ;

7º Demoiselle Françoisette, morte sans alliance.

E. Demoiselle Isabeau de Vilaris garda le château de Vilaris et se maria avant 1618 avec noble Joye de Laroque de Calmeilles, sieur de Castrerouge [4], fils cadet du seigneur de Laroque-Montamel : (les Calmeilles possédaient cette terre depuis l'an 1500). Noble Isabeau de Vilaris survécut à son mari, lequel testa en 1639, et mourut bientôt après. Ils eurent :

1º Noble François de Laroque de Calmeilles de Vilaris qui suit ;

2º Demoiselle Françoise de Calmeilles de Laroque qui épousa en 1646 Mº Antoine Carlé, bourgeois de Marcilhac et procureur du roi à Cahors ;

3º Demoiselle Marguerite, qui épousa en 1659 Mº P. Destalst juge de Catus ;

4º Demoiselle Françoise, femme en 1659 de noble Ramond de Luzech, sieur de Parnac.

F. Noble François de Laroque de Calmeilles de Vilaris, sieur de Vilaris, qualifié d'Écuyer, servait le roi dans les Flandres, à la mort de son père en 1640. Il rentra en 1644, et épousa en 1653 Demoiselle Anne du Bousquet, fille de noble J. Gui du Bousquet, seigneur de Gigouzac et de Demoiselle L. de Rancounet d'*Escourre*. Ils eurent :

1º Noble Jean de Calmeilles, légataire de sa tante Marguerite, mort avant sa mère ;

2º Noble Etienne de Laroque de C., sieur de Vilaris et de Castrerouge qui suit ;

---

1. Paroisse du Montal.
2. Paroisse de Montaigut en Agenais.
3. Paroisse de Catus.
4. On trouve un *Castelrouge* dans la paroisse de Thédirac.

3º Noble Pierre de Laroque, mort jeune ;

4º Noble Louis de Calmeilles, sieur de St-Martin, qui épousa à *Estaldou* demoiselle Marie Destals, fille du juge de Catus ;

5º Demoiselle Marie de Calmeilles qui suivra ;

6º Demoiselle Françoise de Laroque qui épousa en 1693 noble Jean de Canteloube, sieur de Marquessol en Périgord, et mourut sans enfants ;

7º Demoiselle Louise de Laroque, femme en 1696 de Mᵉ Pierre Lagar, bourgeois de Campagnac.

G. Noble Etienne de Laroque de Calmeilles de Vilaris, sieur de Vilaris et de Castelrouge ne se maria point, il ne fit pas en 1699 ses preuves de noblesse et fut condamné par défaut. Il donna tous ses biens en 1728 à sa sœur Demoiselle Marie de Calmeilles, laquelle vint s'établir au château de Vilaris avec ses enfants.

Demoiselle Marie de Calmeilles de Laroque de Vilaris avait épousé à Luzech en 1695 noble Pierre de Tourniac [1], sieur des *Cambous* [2] (1752), fils de noble Paulin de Luzech [3] (1633-1712) et de feue Demoiselle Anne de *La Biche*. Ils eurent à Luzech :

1º en 1697, Louise de Tourniac, qui suit ;

2º en 1703, Louis Tourniac (sic), mort jeune.

3º en 1705, Anne de Tourniac, morte jeune.

H. Demoiselle de Tourniac, dite aussi Demoiselle des *Cambous*, épousa également à Luzech, en 1714, le sieur François Perboyre, fils de Mᵉ Gabriel de Perboyre [4], docteur et avocat, qualifié de sieur de Foncave dans son contrat de mariage en 1685 avec Demoiselle Marie de Rupin de Lantrerie.

François Perboyre vint à Catus avec le sieur de Tourniac son beau-père, en 1728 ; il testa en 1741, laissant à sa veuve, Demoiselle Louise de Tourniac (1764) une nombreuse famille :

1º en 1717, Pierre Perboyre 1ᵉʳ né, qui resta à Luzech et fut héritier de son père ;

---

1. et 2. Paroisse de Luzech.

3. Noble Pol de Luzech était fils de noble Antoine de Luzech, sieur de Tourniac, et d'Hélène de Besson de Labastide-du-Vert.

4. M. Gabriel de Perboyre, sieur de Foncave, était fils de Mᵉ Mathurin de Perboyre, avocat et de demoiselle A. d'Ayol. Mᵉ Mathurin était fils lui-même soit d'autre Mᵉ Mathurin de *Moussel* dit de Perboyre, Bourgeois de Luzech en 1630, et de demoiselle Marguerite Dufay, soit de Mᵉ Jean de Perboyre, juge de Luzech et de noble M. de Ribes, ou *Durieu*.

2° en 1718, Joseph Perboyre, qui suit;

3° en 1719, Jean Perboyre qui épousa à Salvezou en 1755 Bernarde Roques ; il fut tonnelier ;

4° en 1721, Jean-Pierre, qui épousa à Catus Demoiselle Vival; il fut teinturier ;

5° en 1723, Pierre, qui épousa à Catus en 1759 Jane Baldy ;

6° autre Pierre, légataire de son père en 1741 ;

7° Marie, qui épousa en 1761 Guillaume Frayssi de Gendrou de Craissac.

I. Le sieur Joseph Perboyre, bourgeois du repaire noble de Vilaris, épousa avant 1756 Demoiselle Marie de Lagarde, fille du sieur Jacques Lagarde, juge de Catus, et de demoiselle J. Boudet. C'est le grand-père du Bienheureux et le père de Jacques Perboyre, lazariste. Il mourut en 1793 laissant :

1° J. Gabriel Perboyre, dit Jean, né en 1761, marié en 1790 à Demoiselle M. A. Brassac, qui continua la *race à Vilaris*.

2° Jacques, né en 1763, lazariste en 1788, fondateur après la Révolution du petit Séminaire de Montauban, oncle et éducateur du martyr (1853).

3° Jeanne, née en 1755, mariée en 1788 à Pierre Caviole. C'est la mère du docteur Caviole de Cahors et des curés Caviole de St-Germain et de Catus.

4° Jean-Louis, né en 1768, marié en 1800 à Demoiselle Caviole, et percepteur. C'est le grand-père de M. Courbes, curé de Craissac, du général Perboyre, de M. Jules Perboyre, ancien notaire des Junies, et de Mme Vincent de Cahors.

5° Etienne, pharmacien en 1795, enrôlé au service de l'armée des Pyrénées ;

6° Guillaume, né en 1771, marié en 1805 avec Marguerite Lagaspie à Catus. Grand-père des demoiselles Perboyre de Cahors.

7° Jean-Pierre Perboyre, dit Pierrou, qui suit.

J. Pierre PERBOYRE, épousa vers 1799, au Puech, Marie Rigal ; il fut le père de 3 prêtres et de 3 religieuses, surtout il fut le père du martyr. Voici ses fils :

1° JEAN-GABRIEL, né le 6 janvier 1802, martyrisé en 1840 (11 sept.) ; prêtre de la Mission ;

2° Jeanne, mariée à M. Lavernhe, de Labastidette-Haute ;

3° Louis, prêtre et missionnaire, mort sur mer (avant la mort du martyr), 2 mai 1831, né 3 nov. 1807. Prêtre de la Mission.

4° Mariette, morte au Carmel ;

5° Jacques, frère lazariste, ordonné prêtre. Il assista aux fêtes de la Béatification ; né 24 mai 1810, mort 10 août 1896, à Paris ;

6° Antoine Perboyre, qui suit. Né 1813, † 1860 ;

7° Antoinette, fille de la Charité ; née 3 mars 1815. Morte 2 oct. 1898. Chine.

8° Marie-Anne, fille de la Charité : née 12 avril 1817. Morte 24 fév. 1896. Naples.

K. Antoine Perboyre, frère du martyr, épousa au Puech Françoise Pontié de Lherm, ils eurent 3 filles :

1° Victorine, qui épousa son cousin M. Lavernhe de Labastidette, morte en 1902 ;

2° Catherine, qui épousa M. Conquet, instituteur de Francoulès ;

3° Marie Perboyre, qui resta au Puech.

L. Marie Perboyre épousa le sieur Lacombe qui vit encore. Il eut un fils et une fille, celle-ci mariée au Puech.

Au château de Vilaris, la branche aînée s'est ainsi continuée :

En 1790, M. J. Gabriel P. épousa demoiselle M.-A. Brassac des Fosses, p. de Catus.

En 1828, M. Jacques P. épousa demoiselle Elisa Dumonteil, fille d'un médecin de Cazals.

En 1857, M. J. Gabriel P. † 1864, épousa demoiselle Victorine *Lavernhe-Perboyre*, sa cousine, qui lui a survécu. Ils ont eu deux fils : M. Louis Guillaume Perboyre né en 1860, capitaine à Tarbes, aujourd'hui marié, et M. J. Gabriel Jacques Perboyre aîné, né en 1858.

En 1884, M. Jacques Perboyre a épousé demoiselle Aimé Bariéty de Moussac. Leur fils unique est : M. René Perboyre, étudiant en philosophie au lycée de Cahors (août 1904).

A. F.

SŒUR ANTOINETTE PERBOYRE

EN COMMUNAUTÉ SŒUR GABRIELLE

De *Ning-Pô* nous arrive la gracieuse communication suivante : le pieux lecteur en saura gré au saint prélat qui garde fidèlement dans son cœur le souvenir de cette âme d'élite, la *filleule du Martyr*.

Voici en quels termes touchants s'exprime Mgr Reynaud, vic. apost. du Thé-Kiang :

« La plus jeune des Perboyre fut la dernière survivante de cette famille privilégiée. Cette plus jeune avait 83 ans ; et elle a fini sa vie de *fille de la Charité* dans son pénible mais consolant labeur, après 50 années de séjour en Chine. Des milliers d'enfants ont, grâce à son zèle inlassable, appris à bénir les noms de Dieu et de la France.

A 18 ans, sœur Antoinette avait quitté le ciel natal et fit partie de la première colonie envoyée en Chine par le bon M. Etienne ; car l'héroïsme naissait dans cette famille comme naît l'aiglon, qui n'attend pas, pour sortir, qu'il y ait des feuilles aux arbres de la montagne. La sœur de S. Vincent de Paul avait épuisé les âcretés de toutes les épreuves, sans que son bonheur fût altéré, sinon par une crainte : « elle avait peur de ne pas être martyrisée ». Le souvenir de son frère était pour son cœur l'astre d'or qui sillonne le firmament parmi les espérances, ces étoiles pâles. Usée jusqu'à la dernière fibre, elle est morte portant dans la profondeur de son âme envie à l'aîné, son *parrain*, sorti de la vie par l'arc triomphal des Élus.

Pendant 20 ans, j'ai connu Sœur GABRIELLE dans mon vicariat du *Tché-Kiang* ; et, jamais il ne me sera possible de remercier le Bon Dieu d'une telle faveur. Les Chinois l'appelaient « *la sœur qui prie* », tellement elle était pieuse et fervente. On la trouvait toujours les yeux baissés et le Rosaire à la main ; c'est bien le cachet de famille.

Les fêtes de la *Béatification* vinrent comme un gracieux rayon du soir, éclairer ses dernières années de Chine. Je les fis aussi solennelles que possible. Nous étions plusieurs missionnaires réunis, parmi lesquels un confrère Chinois, « *ancien servant de messe du B. Martyr* ».

Le panégyrique fit pleurer à chaudes larmes la bonne Sœur GABRIELLE. Le concierge de la Mission, chrétien vénérable et descendant de la dynastie impériale des MING dont les principaux membres sont exilés, s'approcha d'elle pour la consoler. Il lui disait, ce brave homme : « Ne pleurez donc pas ! Votre frère a souffert, c'est vrai ; mais le voilà heureux pour toujours ». Il attribuait à l'intensité d'une douleur fraternelle des larmes que la joie seule faisait couler.

Que de fois nous avons parlé du frère MARTYR ! Son nom amenait toujours un sourire qui la transfigurait. Quelle âme limpide ! et quels parfums de modestie et de charité on respirait dans sa compagnie !

Elle avait reçu et conservait, comme une précieuse relique, un manteau de son frère. Je l'ai reçu à mon tour, de ses mains, quelques années avant sa mort. Puisse-t-il être pour moi, le *manteau d'Élie !* »

DATES PRINCIPALES

de la vie du Bienheureux

(1802-1823)

Naissance au Puech.	6 Janvier 1802
Baptême à Montgesty.	7 Janvier 1802
Première Communion.	Mai 1813
Séminaire de Montauban.	Octobre 1817
Entrée à la Mission.	25 Décembre 1818
Saints Vœux.	28 Décembre 1820
Étudiant à Paris.	Janvier 1821

(1823-1835)

Collège de Montdidier.	Octobre 1823
Ordination sacerdotale.	23 Septembre 1825
Grand Séminaire (St-Flour).	Octobre 1825
Supérieur du petit Séminaire.	Septembre 1827
Directeur à Saint-Lazare.	Août 1832

(1835-1840)

Départ pour la Chine.	16 Mars 1835
Mission au Hô-nan.	10 Août 1836
Apôtre au Houpé.	15 Janvier 1838
Arrestation et prisons.	18 Septembre 1839
Martyr chinois.	11 Septembre 1840

Reliques du B. J. G. Perboyre conservées à Paris.

1. — Robe chinoise du Bienheureux au moment de
   son arrestation,
2. — Couverture lui ayant servi dans sa prison,
3. — Son étole de Missionnaire.
4. — Pantalon chinois.
5. — Chemise chinoise dont le col est rongé par les
   chaînes.
6. — Makonaste ou veste chinoise.
7. — Tube en cristal renfermant sa barbe.
8. — Clous de son cercueil.
9. — Cordes dont ses mains furent liées au moment
   de son martyre.
10. — Cheveux du Bienheureux.
11. — Corde qui servit à sa strangulation.
12. — Bambou au moyen duquel fut serrée la corde.
13. — Voile qui couvrait son visage au moment de
   la strangulation.
14. — Vases en cristal contenant les cendres du
   Martyr.
15. — Livres chinois à son usage.
16. — Linges qui contenaient ses ossements, lors de
   la translation.
17. — Crucifix du Bienheureux.
18. — Son encrier chinois.
19. — Ses bas déchirés par les chaînes.
20. — Chaînes avec lesquelles il fut lié en prison.

(Rue de Sèvres, 95),

Salle des Reliques.

RENSEIGNEMENTS BIBLIOGRAPHIQUES

1. — Différentes Vies du B. J. G. Perboyre publiées en France.

Notice par M. J. B. Etienne (C. M.). Paris, 1842.

Vie abrégée par un prêtre de la Mission. Gaume, 1886.

Vie par M. Fr. Vauris (C. M.), (Disciple de Jésus), Le Clère, 1853.

Vie par Mgr Demimuid (Directeur de la Sainte-Enfance), Gaume, 1889).

Vie par M. Ed. Mott. (C. M.). Lille, Desclée, 1889.

J. M. A. (Collection illustrée Paillart), Abbeville, 1889.

Neuvaine en l'honneur du B. J. G. Perboyre, par Mgr Spinola, archev. de Séville. Traduit de l'espagnol par P. Morange (C. M.). Paris, 1900.

Les perles du Divin amour (J. M. J. A.). Extraits de la vie du B. Jean Gabriel. Paris, 1900.

Vie de B. J. Gabriel par Boucard. Tours, 1897.

Le B. J. Gabriel Perboyre, modèle de dévotion au divin Sauveur, par le R. P. Tissot, S. G. des Miss. de Saint-François de Sales d'Annecy. Paris, Oudin. 1898.

Plusieurs vies anonymes à Limoges, Lille, Paris, Tournai, Constantinople, etc.

2. — Principaux discours et panégyriques prononcés
à l'occasion de la Béatification.

Son Em. le Cardinal Richard, archev. de Paris. Paris.

Mgr Demimuid (Saint-Lazare). Paris.

Mgr Baunard (Cambrai-Lille).

Mgr de Cabrières, Ev. de Montpellier. Cahors.

Mgr Bourret, év. de Rodez. Cahors.

Mgr Coullié, év. d'Orléans. Orléans.

Mgr Ardin, év. de la Rochelle. La Rochelle.

Mgr Fava, év. de Grenoble, Vienne (Isère).

Mgr Gilly, év. de Nîmes. Nîmes.

M. l'abbé Fréchon (Sainte-Anne). Amiens.

M. l'abbé Gros, aumônier aux Andelys. Evreux.

M. Méritan (Saint-Sulpice). Paris.

R. P. Paret, S. J. (cathédrale). Constantine.

Le R. P. Matignon. Troyes.

Le R. P. Ollivier. Troyes.

M. l'abbé Pagis (Saint-Sulpice). Paris.

R. P. Vaudon (S. C.). Issoudun.

M. Delfour. Cahors.

M. Delfour. Montgesty.

MM. Fabre et Magnan. Nice.

Etc. etc.

3. — Ouvrages ou discours en langues étrangères.

Homélie du Cardinal Parocchi, (Monte - Citorio) Rome.

En Italien, (Brindi-Vauris) et (Rora-Fornelli) Rome.
—   (Mgr Allegro), panégyrique. Gênes.
—   (Mgr Mariani), panégyrique. Rome.
—   R. P. Turchi, (S. J.) panégyrique. Rome.

En latin et en chinois, D'addosio (C. M.) 1888. Pékin.

En Allemand, (Stollen - Verk) (1883). Ratisbonne.
—   (Kuonder), (1890). Vienne.

En Espagnol, (Guadeloupe) (1890). Iles Philippines.
—   (Neuvaine au B.) (1891). Vergara.
—   (Neuv. au Bienh.) Bénech (C. M.) Santiago du Chili. 1893.
—   (P. Alonzo O. P.) panégyrique. Manille.
—   (Mgr Aneiros), panégyrique. Buenos-Ayres.
—   (Mgr Carillo), panégyrique. Mérida.

En Hollandais, (Fr. Aloysius), 1894. Ruremonde.

En Polonais, (Brochure), 1892. Cracovie.

En Turc, (Brochure), 1890. Beyrouth.

En Anglais, (Traduct. de Vauris), 1874. Dublin.
—   (Traduct. de la Vie du B.), 1894. Nouvelle Orléans, par M. Nugent, (C. M.) Sup. de la Nouv. Orléans. Etats-Unis.

HYMNES ET CANTIQUES

Cantate en l'honneur du B. J. G. Perboyre, par J. Massenet, pour 4 voix d'hommes et baryton, (solo). Hartmann, éditeur, (20, rue Daunou). Paris.

Cantique par Dellerba. (C. M.) Paris.

Cantate de Clément Vidal. (C. M.) Paris.

Cantique : (Triomphe, amour).

Cantique par J. B. Maillochaud.

Hymne par D. Juan Dominguez Martinez.

Carmina et preces in honorem B. J. G. Perboyre.

Office du B. J. Gabriel Perboyre.

———

CANTATE AU BIENHEUREUX

Ce sont d'abord les voix de la terre, invitant doucement les chœurs des cieux à joindre leurs accents
à la Louange du Bienheureux.

> O chœurs des bienheureux, ô divines phalanges,
> Prêtez-nous vos accents, vos célestes accords :
> De Perboyre avec nous célébrez les louanges,
> Unissez-vous à nos joyeux transports.

Figurées par les voix enfantines, les phalanges célestes accèdent aux désirs de la terre, le ciel et la
terre s'animent, et tous de concert répètent avec ardeur :

> Chantons, chantons le martyr bienheureux,
> Chantons du Christ le courageux athlète
> Qui fait en ce beau jour la royale conquête
> De la couronne immortelle des cieux.

Le récit de la vie de Jean-Gabriel commence : un
mot, une vertu résume cette belle vie, c'est l'humilité.
Le chœur le répète d'une voix douce et presque
muette ; c'est l'humilité qui se cache et passe sans
être aperçue :

> La sainte humilité, durant ta vie entière,
> Eut toujours pour ton cœur d'ineffables attraits ;
> Mais laisse-nous de ta noble carrière
> Redire, ô Gabriel, les merveilleux secrets !
> Il vécut parmi nous dans l'ombre et le silence,
> Coulant des jours inconnus aux humains.

Jean-Gabriel cependant nourrit un désir sublime, celui d'aller travailler au salut des Chinois ; ce désir l'enflamme, ce désir est accompli. Pour traduire cette ardeur, les voix s'animent, s'empressent et semblent s'élancer :

> Mais Celui qui du ciel sonde la conscience
> Appelle son disciple à de plus grands destins :
> Son regard s'est porté vers la Chine infidèle ;
> Il veut porter partout la croix du Dieu sauveur ;
>   Il veut, il veut, dans l'ardeur de son zèle,
>   Vivre et mourir au poste de l'honneur.
> Au sublime désir de l'homme apostolique,
> Le ciel répond : Partez ! Ivre d'un saint transport,
>   Il part, il part, soldat évangélique,
> Il est prêt à voler à la vie, à la mort !

En Chine, un mot encore résume son apostolat : le zèle, le zèle patient, qui sait attendre et souffrir :

> Une sainte tendresse envahit sa belle âme ;
> De ses frères chéris soulager le malheur,
> Embraser tous les cœurs de la céleste flamme,
>   Tel est toujours son unique bonheur.

Tout à coup, les voix s'animent : c'est le défi jeté au mandarin chinois de faire reculer d'un seul pas l'athlète de Jésus :

> En vain, en vain, tu veux, dans ton aveugle rage,
> De l'apôtre du Christ, orgueilleux mandarin,
> Par l'aspect des tourments abattre le courage !
>   De Gabriel Jésus est le soutien.

Les accents alors revêtent une sorte de férocité barbare : les bourreaux du missionnaire tentent un dernier assaut, leurs cris sont sauvages :

> De ces tyrans la fureur inhumaine
> Lui disait : « Foule aux pieds cette maudite croix !

« Renonce à tes erreurs, à ta croyance vaine ;
« De nos dieux embrasse les lois ! »

Soudain, une voix s'élève, forte, énergique, pleine d'un saint courroux : c'est Jean-Gabriel qui proteste à la vie et à la mort :

« Quoi ! renier mon Dieu, mon trésor et ma vie !
« Et vous fouler aux pieds, croix, signe du chrétien ?
« Jamais ! Jamais ! La mort, mais non l'apostasie !
« Mon doux Sauveur ne m'a fait que du bien ! »

La voix prend alors les accents de la prière : affaiblie par les tourments, mais faisant un suprême effort pour lancer vers Dieu une dernière prière, elle implore, elle supplie, mêlant à l'amour la confiance :

« Mon Dieu, mon Dieu ! Dans ce péril extrême,
« Comme un timide enfant je me jette en vos bras !
« Ne m'abandonnez pas à cette heure suprême,
« Soutenez-moi, mon Dieu, dans ces derniers combats ! »

La voix s'est tue ; le chœur reprend : tantôt ce sont les accents de la fureur, tantôt le murmure éteint de l'homme qui expire. Gabriel va mourir, il est mort :

Il dit, et le tyran, que la fureur inspire,
Sur son front innocent porte l'arrêt cruel :
Le nœud fatal l'étreint ; c'en est fait, il expire.
Gabriel a gagné le séjour éternel !

Le chœur alors entonne une prière, dont les derniers accents vont se perdre insensiblement dans un profond silence :

O bienheureux martyr, notre glorieux frère,
Des enfants de Vincent au ciel souvenez-vous.
Donnez-nous votre ardeur pour la divine guerre ;
Dans les combats, daignez veiller sur nous.

PARIS (6me)

Librairie de P. LETHIELLEUX, Éditeur

10, RUE CASSETTE, 10.

G. DE MONTGESTY

TÉMOIN DU CHRIST

LE BIENHEUREUX
JEAN-GABRIEL
PERBOYRE

(1802-1840)

In-8 écu, orné d'une héliogravure et de gravures hors texte. 2.50

La lecture des pages si émouvantes consacrées par M. G. de Montgesty à la mémoire du glorieux martyr Jean Gabriel PERBOYRE est vraiment captivante et fait du bien à l'âme.

Nous prédisons un plein succès à l'auteur pour ce premier-né de sa plume sympathique. On ne sait que louer le plus, de la trame si ingénieuse du récit, du choix des titres palpitants, et de l'entrain du style, ou de ces réflexions spontanées qui jaillissent des faits pour édifier sans fatigue : telles ces petites fleurs délicieuses qui embaument les bords du chemin sans arrêter les pas du voyageur.

C'est un grand talent que celui de se faire lire ! Grâce à la méthode suivie dans cet attachant ouvrage, la vie admirable de ce Bienheureux, prémice des Martyrs de la Congrégation de la Mission, sera connue, deviendra populaire, et charmera le lecteur tout en lui donnant des leçons précieuses. On se plaint de l'abaissement des caractères. Mais d'où vient le mal, sinon de ce que la famille n'est plus ce moule chrétien qui doit les façonner et préparer les âmes aux grandes luttes de la vie ? Le remède, c'est un foyer domestique comme celui où l'on nous montre le berceau d'un futur martyr entouré d'une atmosphère de foi et de piété.

L'exemple de ce jeune apôtre, qui a soif du martyre, qui va le chercher au delà des mers, dans des prisons cruelles, sur un gibet infâme, au milieu de tortures qui font frémir notre faiblesse, est surtout un remède efficace pour combattre, à notre époque, la recherche effrénée du bien-être, la soif insatiable des jouissances, en même temps qu'une voix plus puissante que celle des prédicateurs pour enrayer cette fièvre de sensualisme qui dévore notre société contemporaine.

Et que d'autres impressions salutaires recueilleront presque à leur insu les âmes qui auront la bonne fortune de parcourir ces lignes où l'utile est si gracieusement mêlé à l'agréable !

Enfin, pour encourager les héritiers de son œuvre apostolique en Chine, à cette vie d'immolation, le « Témoin du Christ », sera leur second crucifix et Jean Gabriel deviendra pour eux un protecteur dans les luttes pénibles où la faiblesse humaine pourrait succomber.

Puisse le Bienheureux attirer à cette Chine des sympathies précieuses, des secours nécessaires et toute une légion de missionnaires ! Car cette grande figure d'Apôtre et de Martyr ne peut rester muette pour ces lévites généreux, âmes d'élite prêtes au premier signal à s'enrôler à la suite du Maître et jamais le Bon Dieu ne permettra que la France perde la foi, tant qu'elle aura des enfants assez généreux pour la porter au dehors...

C'est la forte impression qui se dégage de cette lecture édifiante.

TABLE DES MATIÈRES

LIVRE PREMIER

TÉMOIN DU CHRIST

(1802-1840)

PREMIÈRE PARTIE

Témoignage d'une belle âme.

(1802-1823)

CHAPITRE PREMIER

CHAPITRE II

CHAPITRE III

CHAPITRE IV

CHAPITRE V

DEUXIÈME PARTIE

Témoignage d'une vie féconde.

(1823-1839)

CHAPITRE PREMIER

CHAPITRE II

TROISIÈME PARTIE

Témoignage d'une belle mort.

(1839-1840)

CHAPITRE PREMIER

CHAPITRE II

CHAPITRE III

LIVRE DEUXIÈME

TÉMOIN GLORIFIÉ

PREMIÈRE PARTIE

Témoin glorifié par Dieu lui-même sur le lieu de son martyre, et dans l'univers catholique.

CHAPITRE PREMIER

CHAPITRE II

DEUXIÈME PARTIE

Glorifié par l'Église après son martyre.

CHAPITRE PREMIER

CHAPITRE II

CHAPITRE III

CHAPITRE IV

TROISIÈME PARTIE

Glorifié par ses disciples et ses Imitateurs.

CHAPITRE PREMIER

CHAPITRE II

APPENDICE

TABLE DES GRAVURES

MONTDIDIER. — IMPRIMERIE J. BELLIN

ou de ces réflexions spontanées qui jaillissent des faits pour édifier sans fatigue : telles ces petites fleurs délicieuses qui embaument les bords du chemin sans arrêter les pas du voyageur.

C'est un grand talent que celui de se faire lire ! Grâce à la méthode suivie dans cet attachant ouvrage, la vie admirable de ce Bienheureux, prémice des Martyrs de la Congrégation de la Mission, sera connue, deviendra populaire, et charmera le lecteur tout en lui donnant des leçons précieuses. On se plaint de l'abaissement des caractères. Mais d'où vient le mal, sinon de ce que la famille n'est plus ce moule chrétien qui doit les façonner et préparer les âmes aux grandes luttes de la vie ? Le remède, c'est un foyer domestique comme celui où l'on nous montre le berceau d'un futur martyr entouré d'une atmosphère de foi et de piété.

L'exemple de ce jeune apôtre, qui a soif du martyre, qui va le chercher au delà des mers, dans des prisons cruelles, sur un gibet infâme, au milieu de tortures qui font frémir notre faiblesse, est surtout un remède efficace pour combattre, à notre époque, la recherche effrénée du bien-être, la soif insatiable des jouissances, en même temps qu'une voix plus puissante que celle des prédicateurs pour enrayer cette fièvre de sensualisme qui dévore notre société contemporaine.

Et que d'autres impressions salutaires recueilleront presque à leur insu les âmes qui auront la bonne fortune de parcourir ces lignes où l'utile est si gracieusement mêlé à l'agréable !

Enfin, pour encourager les héritiers de son œuvre apostolique en Chine, à cette vie d'immolation, le « Témoin du Christ », sera leur second crucifix, et Jean Gabriel deviendra pour eux un protecteur dans les luttes pénibles où la faiblesse humaine pourrait succomber.

Puisse le Bienheureux attirer à cette Chine des sympathies précieuses, des secours nécessaires et toute une légion de missionnaires ! Car cette grande figure d'Apôtre et de Martyr ne peut rester muette pour ces lévites généreux, âmes d'élite prêtes au premier signal à s'enrôler à la suite du Maître et jamais le Bon Dieu ne permettra que la France perde la foi, tant qu'elle aura des enfants assez généreux pour la porter au dehors...

C'est la forte impression qui se dégage de cette lecture édifiante.

P. LETHIELLEUX, Éditeur, 10 rue Cassette, Paris (6e)

DU MÊME AUTEUR

Pour paraître successivement :

SOLDAT DU CHRIST

LE BIENHEUREUX
FRANCOIS-RÉGIS CLET

MARTYRISÉ EN CHINE
(1748-1820)

Ouvrage orné d'une gravure hors texte, de deux portraits originaux, de plusieurs illustrations, d'un autographe du martyr et d'une carte.

In-8 écu. . . . . (*en préparation*)

~~~~~~~~

HÉRAUT DU CHRIST

Mgr JUSTIN DE JACOBIS

1er VICAIRE APOSTOLIQUE D'ABYSSINIE
(1800-1860)

DÉCLARÉ VÉNÉRABLE PAR S. S. PIE X

LE 12 JUILLET 1904

Ouvrage précédé d'une introduction sur les origines religieuses et les mœurs de l'Abyssinie, orné de plusieurs illustrations et d'une carte.

In-8 écu. . . . . (*en préparation*)

IMPRIMERIE BELLIN, A MONTDIDIER
~~~~~~~~